AF098424

www.ingramcontent.com/pod-product-compliance
Lightning Source LLC
LaVergne TN
LVHW012113070526
838202LV00056B/5721

*9781989880500*

بنام عشق

**تقدیم به**

مقدس‌ترین واژه در لغت نامه دلم، مادر مهربانم که زندگیم را مدیون مهر و عطوفت آن می دانم و امید دارم که روحش دعاگویم باشد.

# اکسیـژن

امیر محمدزاده

Kidsocado Publishing House

2021 / Canada

سریال کتاب: P2145110026

سرشناسه: MHM 2021

عنوان: اکسیژن

زیر شاخه عنوان: به زندگی ات جان تازه ای ببخش

پدید آورنده: امیر علی محمد زاده

شابک کانادا: ISBN: 978-1-989880-50-0

موضوع: موفقیت، خودشناسی

متا دیتا: Success , Self Help

مشخصات کتاب: Paperback

تعداد صفحات : 126

تاریخ نشر در کانادا: اکتبر ۲۰۲۱

تاریخ نشر اولیه: ۱۹۹۹

**Kidsocado Publishing House**

خانه انتشارات کیدزوکادو

ونکوور، کانادا

تلفن : +1 (833) 633 8654

واتس آپ: +1 (236) 333 7248

ایمیل : info@kidsocado.com

وبسایت انتشارات: https://kidsocadopublishinghouse.com

وبسایت فروشگاه: https://kphclub.com

## سلام هم زبان

دستیابی ایرانیان مقیم خارج از کشور به کتاب های بسیار متنوع و جدیدی که به تازگی در ایران نگاشته و چاپ می شود، محدود است. ما قصد داریم این خدمت را به فارسی زبانان دنیا هدیه دهیم تا آنها بتوانند مانند شما با یک کلیک در آمازون یا دیگر انتشارات آنلاین کتاب‌هایی در زمینه های مختلف را خریداری کنند و درب منزل تحویل بگیرند.

**خانه انتشارات کیدزوکادو** تحت حمایت مجموعه آموزشی کیدزوکادو این افتخار را دارد تا برای اولین بار کتاب‌های با ارزش فارسی را که با زبان فارسی نگارش شده است از شرکت های انتشاراتی بزرگ آن لاین مانند آمازون و ایی بی بارنز اند نابل و هم چنین وبسایت خود انتشارات در اختیار ایرانیان مقیم خارج از ایران قرار دهد.

از اینکه توانستیم کتابهای جدید و با ارزشی که به قلم عالی نویسنده گان و نخبگان خوب ایرانی نگاشته شده است را در اختیار شما قرار دهیم بسیار احساس رضایتمندی داریم

این کتاب ها تحت اجازه مستقیم نویسنده و یا انتشارات کتاب صورت گرفته و درآمد حاصله بعد از کسر هزینه‌ها، به نویسنده پرداخته می شود.

خانه انتشارات کیدزوکادو در قبال مطالب داخل کتاب هیچگونه مسئولیتی ندارد و صرفاً به عنوان یک پخش کننده است. و شما خواننده عزیز ما را با گذاشتن نظرات در وب سایتی که کتاب را تهیه کرده‌اید به این کار فرهنگی دلگرمتر کنید. از کامنتی که در برگیرنده نظرتان نسبت به کتاب است عکس بگیرید و برای ما به این ایمیل بفرستید از هر ۴ نفری که برایمان کامنت می فرستند، یک نفر یک کتاب رایگان دریافت می‌کند.

ایمیل : info@kidsocado.com

## تقدیر و تشکر

**اول:** از خدای بزرگم تشکر می‌کنم که به من اجازه خواندن و نوشتن داد.

**دوم:** از خانواده عزیزم که شرایط را برایم فراهم کردند تا من بتوانم با خیال آسوده بنویسم.

**سوم:** از عباس سندروسی به‌خاطر صفحه‌آرایی فوق‌العاده‌اش.

**چهار:** از سید علی هاشمی که زحمت ویراستاری فنی و ادبی را به عهده گرفت.

**پنج:** از مصطفی مهدوی‌نیا که علاوه بر نظارت فنی، هماهنگی های لازم را انجام داد و خیلی حوصله به خرج داد.

**شش:** از تویی که می‌خواهی این کتاب را بخوانی و تورق کنی و امید دارم که به دلت بنشیند.

## (فهرست مطالب)

مقدمه ........................................ ۹

**فصل اول: ۱۰ قانون طلایی ........................ ۱۱**

۱-روز خود را با انجام‌دادن یک کار کوچک شروع کنید ........ ۱۳

۲- همه کارها را نمی‌توان تنهایی انجام داد ............. ۱۴

۳- مهم‌ترین چیز وسعت قلب شماست .................... ۱۴

۴- زندگی عادلانه نیست؛ راه خود را ادامه دهید! ......... ۱۵

۵- شکست شما را قوی‌تر می‌کند ....................... ۱۵

۶-باید جسارت زیادی داشته باشید ..................... ۱۶

۷-جلوی زورگوها بایستید ............................ ۱۶

۸- در تاریک‌ترین لحظات، بهترین خود باشید ............ ۱۷

۹- به دیگران امید بدهید ............................ ۱۷

۱۰-هرگز تسلیم نشوید ............................... ۱۷

**فصل دوم: چطور آرزوهایمان آرزو نماند؟ ................ ۱۹**

یکم؛ تغییر باورهای منفی به مثبت ...................... ۲۱

دوم؛ برنامه‌ریزی داشته باشید .......................... ۲۱

سوم؛ سحرخیز باشید .................................. ۲۲

چهارم؛ همنشین‌های خوب انتخاب کنید .................. ۲۲

پنجم؛ مراقبه داشته باشید .............................. ۲۳

ششم؛ غرزدن را کنار بگذارید ........................... ۲۴

**فصل سوم: چطور شاد زندگی بکنیم؟ .................... ۲۵**

۱-پرتغییربودن ....................................... ۲۷

۲-عدم قطعیت ........................................ ۲۸

۳-پیچیدگی ........................................... ۲۸

۴-ابهام .............................................. ۲۹

معلمی سخت‌گیر ...................................... ۳۰

پذیرش گذشته و بخشیدن آن ............................. ۳۴

شناسایی افکار مخرب و جداسازی ........................ ۳۶

بی‌خبری، خوش‌خبری .................................. ۳۹

خوشبختی یک مشکل است ................................ ۴۰

شکست، راهی به جلو است ............................... ۴۱

**فصل چهارم:ماهی را هر وقت از آب بگیری تازه است ......... ۴۵**

باور، کلید تغییر را بزن ................................ ۴۸

| | |
|---|---|
| وابستگی، بند نافت را ببر | ۴۹ |
| توهم، خودت را چقدر می‌شناسی؟ | ۴۹ |
| کمال‌گرایی، تفکر همه یا هیچ | ۵۰ |
| عزیزم، بی‌تفاوت باش | ۵۰ |
| بهانه، اعتمادبه‌نفس ندارم | ۵۱ |
| همنشینی، با کیا می‌پری رفیق! | ۵۱ |
| اول اداشو در بیار! | ۵۱ |
| از خودت تشکر کن | ۵۲ |
| ترس، حاضری شیرجه بزنی؟ | ۵۲ |
| عزت‌نفس و خوددوستی | ۵۳ |
| **فصل پنجم: خودشکوفایی** | **۵۷** |
| ۱-احساس شادی کردن | ۵۹ |
| ۲-داشتن رابطه خوب | ۶۰ |
| ۳-دستاورد داشتن | ۶۰ |
| ۴-مشارکت اجتماعی داشتن | ۶۱ |
| ۵-معنای زندگی را پیداکردن | ۶۱ |
| **فصل ششم: هر چه پول بدهی آش می‌خوری** | **۶۵** |
| بیشترین تلاش را بکنید | ۶۸ |
| نمی‌دانم چه کاری را دوست دارم | ۶۹ |
| کار برای پول | ۷۰ |
| ۷ روش فوق‌سری | ۷۱ |
| اول؛ قوانین را بپذیرید | ۷۲ |
| دوم؛ خواسته خود را به شکل شفاف تعیین کنید | ۷۲ |
| سوم؛ تقویت عادت شجاعت و اعتمادبه‌نفس | ۷۳ |
| چهارم؛ عمل محور باشید | ۷۴ |
| پنجم؛ خودتان را وقف یادگیری پیوسته کنید | ۷۴ |
| ۱-هر روز مطالعه کن | ۷۴ |
| ۲-گوش کن و بیاموز | ۷۵ |
| ۳-آموزش‌های حضوری | ۷۵ |
| ششم؛ برنامه‌ریزی کاربردی داشته باش | ۷۵ |
| هفتم؛ از ثروت به نفع خود استفاده کن | ۷۵ |
| چگونه در مدت زمان کم بازدهی بیشتری داشته باشیم؟ | ۷۶ |
| اول: روی امور به‌شدت مهم تمرکز کنید | ۷۶ |

دوم: بر اساس معیارهای متقدم عمل کنید ................................ 77
سوم: تابلوی امتیازات مشوق داشته باشید ............................... 78
چهارم: برنامه بازخواست و پیگیری منظم داشته باشید ............... 78
11 شاه‌کلید برخورد با مشکلات ............................................. 79

## فصل هفتم: هر که طاووس خواهد جور هندوستان کشد ..... 85
راه اول؛ تشخیص و پذیرش ................................................... 89
راه دوم؛ تصمیم‌گیری ........................................................... 90
راه سوم؛ تلاش ................................................................... 90
راه چهارم؛ شکرگزاری ......................................................... 91
راه پنجم؛ تعلق‌نداشتن .......................................................... 91
راه ششم؛ تاب‌آوردن ............................................................ 92

## فصل هشتم: ساختن روابط طلایی ................................... 93
مسئولیت صددرصدی ........................................................... 95
کمال‌گرایی ......................................................................... 96
پذیرش خود ........................................................................ 97
چطور رابطه‌ام را ترمیم کنم؟ ................................................ 100
سرمایه‌گذاری عاطفی .......................................................... 103
درک دیگران ..................................................................... 103
توجه به جزئیات ................................................................. 104
پایبندی به تعهدات ............................................................. 105
ابراز بزرگواری .................................................................. 105
روش برنده ....................................................................... 105
برنده-برنده ...................................................................... 106
ما مالک کسی نیستیم ......................................................... 107

## فصل نهم: با یک تیر دو نشان بزن ................................. 111
4 گام از هدف‌گذاری تا موفقیت ............................................. 115
ایده‌پردازی ....................................................................... 116
سؤال‌های خوب برای ایده‌های هدف: ..................................... 116
اولویت‌بندی ...................................................................... 117
آزمایش ............................................................................ 118
چرا هدف 10 ساله نداریم؟ ................................................... 120
اقدام ............................................................................... 121
کتاب‌نامه .......................................................................... 122

## ❖ مقدمه

همیشه برای من این سؤال بود که چگونه می‌توانم زندگی شادتری را تجربه کنم و چگونه می‌شود انسان همیشه حال درونی‌اش خوب باشد و در کنارش بتواند روابط عاطفی سالم و ماندگاری را بسازد و به موفقیت و دستاوردهای بزرگی برسد تا بر اساس آنها بتواند به مردم بیشتر خدمت‌رسانی کند.

در این کتاب درباره همین موضوعات، یعنی چگونه حال درونی خودمان را خوب کنیم، صحبت کردم و مناسب افرادی است که برای خود و زندگی‌شان هدفی دارند و می‌خواهند شادتر و زیباتر زندگی کنند.

من به‌عنوان کسی که سال‌ها در عرصه تئاتر فعالیت کردم و در زمینه فلسفه، هنر، روانشناسی، مهارت های ارتباطی وسواد عاطفی مطالعات و تجربیات زیادی داشتم و بیش از صدها نفر را مربیگری کردم و راه را به آنها نشان دادم، در این کتاب تجربه و علم را تلفیق کردم تا بتوانم تأثیرگذاری خود را بیشتر کنم. مثال‌هایی از زندگی شخصی خودم آورده‌ام تا برای مخاطب ملموس‌تر و باورپذیرتر باشد و امید دارم که مورد عنایت و محبت شما عزیزان قرار بگیرد.

در مقام یک مربی و مدرس مهارت‌های ارتباطی، همیشه این سؤال از من پرسیده می‌شد که «چگونه شاد زندگی کنیم وقتی شرایط اقتصادی و اجتماعی مناسب نیست؟»، «چطور به آرامش درونی برسیم؟»، «چطور گذشته تلخ خود را فراموش کنیم؟»، «آیا می‌شود به صلح درونی رسید و روابط عاطفی عالی ساخت؟»، «چگونه هدف‌گذاری کنیم؟» و ... .

پاسخ این سؤال‌ها را می‌توانید در لابه‌لای صفحه‌های این کتاب جست‌وجو

کنید. مانند دیگر حقیقت‌های جهان، راز شادزیستن و رسیدن به آرامش درونی با ایجاد انگیزه و واردکردن اکسیژن تازه به روح و روانمان ممکن.. می‌شود. امیدوارم نوشته‌هایم بتواند به شما عزیزان کمک کند تا به زندگی خود جان تازه‌ای ببخشید.

**امیرعلی محمدزاده**

تبریز

پل های اتباطی با نویسنده:

اینستاگرام: mr.amirali_com

وب سایت: www.amiralimohamadzadeh.com

شماره تماس: ۰۹۱۴۹۹۹۵۳۰۷

اکسیژن

# فصل اول:
# ۱۰ قانون طلایی

قبل از هر چیزی می‌خواهم ۱۰ تا قانون طلایی را به شما معرفی کنم که یک نفس تازه‌ای بکشید و اکسیژن جدیدی را وارد ریه‌های مغزی‌تان کنید تا بعد برویم سراغ موارد بیشتر که زندگی‌مان را پر از اکسیژن کنیم و یک جان تازه‌ای به روح و روان‌مان ببخشیم.

همه ما انسان‌ها در زندگی خود با چالش‌هایی روبه‌رو شدیم و می‌شویم و خواهیم شد. اینکه ما در چه مرحله‌ای از زندگی هستیم یا چه جایگاه و شغلی داریم، اصلا مهم نیست؛ مهم نحوه برخورد ما با مشکلات است و اینکه آیا حاضر هستیم در مقابل کوسه‌های زندگی مقاومت کنیم و با آنها بجنگیم یا نه. در این فصل می‌خواهم ۱۰ درس مهم زندگی را با هم مرور کنیم که با آگاهی‌یافتن نسبت به آنها نه‌تنها می‌توانیم زندگی خودمان را متحول کنیم، بلکه می‌توانیم با آنها دنیا را هم تغییر دهیم.

## ۱- روز خود را با انجام‌دادن یک کار کوچک شروع کنید

ژنرال ویلیام اچ مک ریون، بازنشسته نیروی دریایی آمریکا در کتاب «تخت خوابت را مرتب کن» اولین جمله‌ای که کتاب را با آن شروع کرده، این است: «اگر می‌خواهید دنیا را تغییر دهید، اول از مرتب‌کردن تختخواب‌تان شروع کنید».

بعضی وقت‌ها کارهای خیلی کوچکی وجود دارند که می‌توانیم با انجام‌دادن‌شان، نتایج شگفت‌آوری را ببینیم. کارهای کوچک بر اثر «اثر مرکب» تبدیل به نتایجی می‌شوند که باورش هم برایمان سخت ولی شگفت‌انگیز است. چیزی که انگیزه شروع یک روز تازه را به شما بدهد و بتواند حسی از غرور و افتخار را در دنیایی که گاهی زشتی‌ها آن را فرا می‌گیرند، به وجود بیاورد، همان انجام‌دادن کارهای کوچک است.

اگر می‌خواهید زندگی‌تان و شاید جهان را تغییر دهید، از مرتب‌کردن تختخواب‌تان شروع کنید

## ۲- همه کارها را نمی‌توان تنهایی انجام داد

قانون دومی که باید یاد بگیریم، این است که در زندگی بدون کمک و حضور دیگران نمی‌توانیم دوران سخت و ناخوشی روزگار را پشت سر بگذاریم. به هیچ‌یک از ما قول این را نداده‌اند که از لحظات دردناک زندگی در امان باشیم؛ پس بهترین راه این است که همه ما گروهی از افراد خوب و کاردرست را برای رسیدن به مقصد زندگی در کنار خود داشته باشیم. یادتان باشد شما به تنهایی نمی‌توانید در دریا پارو بزنید، پس کسی را پیدا کنید که دوتایی پارو بزنید. تا جایی که می‌توانید دوست پیدا کنید و هرگز فراموش نکنید که موفقیت شما به همکاری با دیگران بستگی دارد.

## ۳- مهم‌ترین چیز وسعت قلب شماست

شاید در زندگی خود دارای محدودیت‌های فیزیکی و شرایط محیطی باشید یا افرادی را سراغ داشته باشید که با چنین محدودیت‌هایی دست‌وپنجه نرم می‌کنند.

«می‌دانم که تو هم گاهی دلت می‌گیرد و آرزو می‌کنی زندگی‌ات به‌کلی دگرگون شود. اگر در زندگی‌ات معجزه‌ای رخ نداده، نترس. نگران نباش. به یاد داشته باش خدا به کسانی کمک می‌کند که به خودشان کمک کنند». این حرف نیک ووی چیچ است؛ کسی که مادرزاد نه دست داشت و نه پا؛ اما او با اتکا به این جمله: آنهایی که به خدا ایمان دارند، توان خویش را احیا می‌کنند، معلولیت خودش را تبدیل به فرصت کرد و این نشان‌دهنده

اهمیت وسعت قلب انسان است.

## ٤- زندگی عادلانه نیست؛ راه خود را ادامه دهید!

نیک وویچ که مادرزادی بدون دست و پا به دنیا آمده بود، در نگاه اول به ناعادلانه‌بودن زندگی رأی می‌دهیم که چرا باید یکی در ناز و نعمت و ثروت باشد و یکی مثل نیک وویچ حتی دست و پا هم نداشته باشد. خیلی راحت می‌شود سرنوشت را گردن دیگران انداخت و دست از تلاش کشید، با این باور که سرنوشت علیه ماست. خیلی راحت می‌شود فکر کرد جایی که در آن زندگی می‌کنیم، رفتار والدینمان یا دانشگاهی که در آن تحصیل کرده‌ایم، آینده ما را تعیین می‌کنند؛ اما اصلا این واقعیت ندارد. هم مردم عادی هم انسان‌های بزرگ مثل نلسون ماندلا، استفن هاوکینگ و نیک وویچ، با توجه به نحوه رویارویی‌شان با بی‌عدالتی‌های زندگی از دیگران متمایز شده‌اند. شکایت نکنید. نگویید بدشانسید. سرتان را بالا بگیرید و محکم بایستید. به آینه نگاه کنید، **امیدوار باشید و حرکت رو به جلوی خود را ادامه دهید.**

## ٥- شکست شما را قوی‌تر می‌کند

شما در زندگی با موانع و سرندیپیتی‌های زیادی مواجه می‌شوید. باید بهای شکست‌تان را بپردازید. ولی اگر پشتکار و مقاومت داشته باشید، اگر اجازه دهید این شکست‌ها به شما درس بدهند و قوی‌ترتان کنند، آمادگی رویارویی با سخت‌ترین و دشوارترین لحظات زندگی را خواهید داشت.

یادمان باشد که شکست‌های قبلی ما را قوی‌تر می‌کنند و هیچ‌کس از خطا و اشتباه مصون نیست. باید از شکست‌های خود درس بگیریم و از این

درس‌ها برای انگیزه‌گرفتن استفاده کنیم و **از اینکه دوباره تلاش کنید یا تصمیم دشوار بعدی را بگیرید، هراسی نداشته باشید.**

## ٦-باید جسارت زیادی داشته باشید

زندگی یک جدال همیشگی است و همواره احتمال شکست وجود دارد؛ اما کسانی که از شکست، سختی یا شرمندگی می‌ترسند، هرگز نمی‌توانند قابلیت‌های خود را به دیگران نشان دهند. بدون غلبه بر محدودیت‌ها، بدون اینکه محدودیت‌هایتان را به چالش بکشید، بدون سُرخوردن با سر به سمت موانع، **بدون داشتن جسارت زیاد، هرگز نمی‌فهمید چه چیزهایی در زندگی‌تان امکان‌پذیر است.**

## ٧-جلوی زورگوها بایستید

زورگوها همه مثل هم نیستند؛ چه در حیاط مدرسه، چه در محل کار و چه حکمرانی بر یک کشور با ایجاد ترس و ارعاب. اینها از ترس و ارعاب استفاده می‌کنند. زورگوها قدرت خود را از ترس و ضعف دیگران به دست می‌آورند؛ مثل کوسه‌هایی که وجود ترس در آب را حس می‌کنند، دور طعمه حلقه می‌زنند تا ببینند تقلایی می‌کند یا نه، ضعیف‌بودن یا نبودن قربانی را می‌سنجند و اگر شجاعت ایستادگی را نداشته باشید، به شما حمله می‌کنند. در زندگی برای رسیدن به اهداف، باید شجاع باشید.

**شجاعت درون همه ماست. اگر عمق وجودتان را جست‌وجو کنید، شجاعت زیادی را درونتان خواهید یافت.**

## ۸- در تاریک‌ترین لحظات، بهترین خود باشید

همه ما در زندگی لحظات تلخ و طاقت‌فرسایی را پشت سر گذاشته‌ایم. ازدست‌دادن کسی که دوستش داشتیم یا اتفاق ناگوار دیگری که روحمان را درهم‌شکسته و آینده‌مان را تیره و تار کرده است؛ **در آن لحظات سرد و تاریک، به عمق وجودتان بروید و بهترین خود باشید.**

## ۹- به دیگران امید بدهید

امید قدرتمندترین نیرو در کائنات است. با امید می‌توانید به ملت‌ها الهام ببخشید تا به تعالی و عظمت دست یابند. در زندگی برای همه ما زمان‌هایی وجود دارد که تا گردن در گِل گیر کرده‌ایم. این همان زمانی است که باید با صدای بلند آواز بخوانیم، لبخند بزنیم، دست اطرافیانمان را بگیریم و بلندشان کنیم، **به آنها روحیه و امید بدهیم که فردایی بهتر منتظرمان است.**

## ۱۰- هرگز تسلیم نشوید

زندگی پر از سختی و گرفتاری است؛ اما همیشه کسی هست که وضعش از شما بدتر باشد. اگر کل روز خود را با تأسف‌های بی‌شمار پر کنید، از رفتاری که با شما شده ناراحت باشید، از سهمی که در زندگی نصیبتان شده گلایه کنید و دیگران یا چیزهای دیگر را به خاطر شرایط بدتان مقصر بدانید، زندگی برای شما طولانی‌تر و سخت‌تر می‌شود؛ اما اگر حاضر نباشید از رؤیاهایتان دست بکشید، اگر اراده کنید در برابر سختی‌ها مقاومت کنید، زندگی همان چیزی می‌شود که انتظارش را دارید و مطمئن باشید می‌توانید آن را زیبا کنید.

# فصل دوم:
## چطور آرزوهایمان آرزو نماند؟

شاید برای شما هم این سؤال پیش آمده که چرا خیلی از ما آرزوهایمان فقط در حد آرزو می‌مانند و راه به جایی نمی‌بریم و به قول معروف به آرزوهایمان نمی‌رسیم و جالب اینجاست که هر سال عید نوروز که می‌شود، این آرزوها را نو می‌کنیم و تصمیم می‌گیریم که امسال دیگر به همه آرزوهایی که دم سال‌تحویل در دفتر خوشگل و زیبایمان نوشتیم، برسیم؛ اما چرا این سال‌ها می‌آیند و می‌روند و هنوز اندر خم یک کوچه‌ایم؟!

قبل از اینکه بخواهید ادامه این فصل را بخوانید از شما خواهش می‌کنم به آن فکر کنید و روی کاغذی بنویسید، بعد به خواندن ادامه دهید.

الان خود شما جواب سؤالتان را پیدا کردید و پاسختان هرچه بوده با همدیگر می‌خواهیم جواب این سؤال را ریشه‌یابی کنیم و بعد راهکارهایی برای حل این مسئله بیان کنیم.

من می‌خواهم یک پاسخ بدهم به این سؤال که چرا آرزوهای ما در حد آرزو می‌مانند؟

به نظر شما افراد موفق چه کار می‌کنند که ما نمی‌کنیم؟ آنها چه ویژگی دارند که ما نداریم؟ ژنشان خوب است؟ یا استعداد دارند و ما نداریم؟ هیچ‌کدام یک از اینها نیست، بلکه چیزی که من و شما را از افراد موفق جدا و مجزا می‌کند، این است که **افراد موفق یک‌سری کارهای ساده و معمولی را هر روز انجام می‌دهند همین و به عبارتی آنها تداوم و پشتکار دارند.**

الان که ویژگی بارز خودتان را با افراد موفق متوجه شدید، می‌خواهم شش تا از کارهایی را که افراد موفق انجام می‌دهند، معرفی کنم تا با انجام‌دادن آنها دیگر آرزوهایتان آرزو نماند.

## یکم؛ تغییر باورهای منفی به مثبت

اولین کاری که افراد موفق می‌کنند، این است که باورهایشان را نسبت به خود، دیگران و دنیا تغییر می‌دهند. دیگر خودشان را بدبخت روزگار نمی‌دانند و نقش قربانی را بازی نمی‌کنند. به خودشان نمی‌گویند من بدبختم، بیچاره‌ام، خاک بر سرم و....، بلکه خودشان را انسان ارزشمندی می‌دانند و به توانایی‌های خود ایمان دارند و دیگران را آدم‌های دزد و دورو نمی‌دانند، بلکه به این باور دارند که همه انسان‌ها آدم‌های خوبی هستند و اگر کسی یک رفتار بدی انجام می‌دهد، حتما ادراکش به همان اندازه و به همان شکل بوده که چنین رفتاری را مرتکب شده است و از همه مهم‌تر افراد موفق دنیا را جای بدی برای زندگی نمی‌دانند، بلکه باورشان بر این است که دنیا جای فوق‌العاده‌ای برای زندگی‌کردن است و برای پیشرفت فردی و شغلی و لذت‌بردن از نعمت‌هایی که خدا در اختیارمان گذاشته است.

پس در نتیجه اولین کاری که باید انجام بدهیم، این است که باورهای منفی خود را به باورهای مثبت تبدیل کنیم.

## دوم؛ برنامه‌ریزی داشته باشید

دومین کاری که باید برای رسیدن به آرزوهایتان انجام دهید، برنامه‌ریزی دقیق داشتن است. برای ۲۴ ساعت آینده‌تان کارهایی را که دوست دارید انجام دهید، لیست کنید و طبق اولویت‌بندی شروع کنید به انجام‌دادنشان. وقتی کاری را انجام می‌دهید، احساس فوق‌العاده‌ای به شما دست می‌دهد و همین احساس باعث حس غرور و موفقیت می‌شود و خود این هم باعث انجام‌دادن و برنامه‌ریزی‌کردن کارهای بیشتر و بزرگ‌تر می‌شود و همین

چرخه همین‌طور ادامه پیدا می‌کند تا به آن هدفی که مدنظرتان بود برسید.

## ◈ سوم؛ سحرخیز باشید

شاید این بخش برایتان خیلی سخت باشد و مغز قدیم یا همان مغز خزنده ما بگوید که نه ولش کن، چه‌کسی حوصله دارد صبح ساعت شش از خواب شیرین و تشک نرم دست بکشد و به کارهای یومیه‌اش برسد؛ اما جالب است بدانید یکی از رموز موفقیت افراد بزرگ، همین سحرخیزبودنشان است. زمانی که من و شما ساعت ۱۰ صبح و حتی گاهی لنگه‌ظهر از خواب بیدار می‌شویم، افراد موفق صبح ساعت پنج یا شش از خواب بیدار شده‌اند و کارهای مهمشان را «یا به قول برایان تریسی قورباغه بزرگشان» را قورت داده‌اند. البته این را اضافه کنم که سحرخیزی ممکن است برای هرکسی فرق داشته باشد؛ چون کسی که شیفت شب است، منطقی نیست صبح که از سر کار برگشته استراحت نکند به بهانه اینکه می‌خواهد سحرخیز باشد، بلکه برنامه هر فرد کاملا بسته به شرایط و موقعیت متفاوت است.

## ◈ چهارم؛ همنشین‌های خوب انتخاب کنید

حتما شنیدید که از قدیم گفتند «پسر نوح با بدان بنشست، خاندان نبوتش گم شد»؛ این جمله مصداق این است که ما باید افرادی که برای همنشینی انتخاب می‌کنیم، افراد سالمی از نظر فکری و ذهنی باشند. اگر من با افرادی نشست‌وبرخاست داشته باشم که ذکر و فکرشان فقط تفریح و لذت‌بردن از روزمره آن‌هم به شکل سطحی باشد، مثل وب‌گردی و منفی‌بافی و غُرزدن – که راجع به آن جلوتر صحبت خواهم کرد – خب معلوم است چه بلایی سر باورهای آدم می‌آید؛ اما اگر اطرافیانت خیلی مثبت نیستند و تنها هستی اصلا هیچ اشکالی ندارد و من پیشنهاد می‌کنم با نویسنده‌ها همنشین باشی.

لزومی ندارد حتما این همنشینی به صورت فیزیکی اتفاق بیفتد نه، همین که تو کتاب «اثر مرکب» دارن هاردی را باز می‌کنی و می‌خوانی در واقع داری با دارن هاردی همنشینی می‌کنی و چه چیزی بهتر از اینکه همنشین آدم دارن هاردی باشد و امثال افراد موفق دنیا.

## ◈ پنجم؛ مراقبه داشته باشید

خودم بشخصه خیلی این بخش را دوست دارم و از وقتی با آن آشنا شدم کلی تغییرات مثبت در زندگی‌ام افتاده است و همیشه به مراجعینم توصیه می‌کنم حتما این کار را انجام بدهند. مراقبه یعنی به درون خود رفتن، به خودآگاهی رسیدن. همه ما یک دختربچه ناز و یک آقاپسر گل در وجودمان داریم که به آن می‌گوییم کودک درون. بنا بر دلایلی حال دل این کودک درونمان خوب نیست؛ چون از آن غافل شدیم و حالش را خیلی وقت است که نپرسیدیم و پای حرف‌ها و دردودل‌هایش ننشستیم. هفته‌ای یکی، دو بار با خودت مراقبه کن و با کودک درونت حرف بزن و به خودت احساس ارزشمندی بده. خودت را دوست داشته باش؛ با همه نداشته‌هایت و تجارب تلخی که داشتی. اگر نتوانی با خودت مهربان باشی و خودت را دوست داشته باشی، قطعا حالت هم خوب نخواهد شد و اگر حالت خوب نباشد، نمی‌توانی به آرزوهایت برسی؛ چون فکر و تمرکزت فقط روی مسائل منفی است و جالب است بدانی که دلیل خیلی از حال‌بدی‌های ما به خاطر همین عدم خوددوستی است. پس افراد موفق خودشان را مثل یک دوست صمیمی و معشوقه خودشان دوست دارند و خودشان را تحویل می‌گیرند و برای خودشان وقت می‌گذارند و اگر خطایی مرتکب شدند، سرزنش نمی‌کنند، بلکه مثل یک دوست صمیمی با آن برخورد می‌کنند و پشت خودشان را خالی نمی‌کنند.

## ❖ ششم؛ غرزدن را کنار بگذارید

آخرین مرحله‌ای که می‌خواهم بگویم، بحث غرنزدن است. غرزدن یک رفتار غیرانسانی است. به این معنی که من وقتی غُر می‌زنم، یعنی دارم پیش یک فرد نادرست شکایت می‌کنم؛ مثلا من با همسرم دعوایم شده و به‌جای اینکه بروم با خود همسرم بنشینم حرف بزم تا مشکلم را حل کنم، می‌روم پیش دوستم و شروع می‌کنم از همسرم بدگفتن. اینجا من رفتارم غیرانسانی است؛ چون دارم پیش شخص نامربوط شکایت می‌کنم. این غرزدن در همه مسائل جامعه است. از زمین و زمان شاکی هستیم و به همه چیز و همه‌کس اعتراض داریم و این غرزدن باعث ازبین‌رفتن باورهای مثبت و جای‌گیری باورهای منفی می‌شود و در نتیجه باعث می‌شود ما هیچ اقدامی برای انجام‌دادن کارهایمان نکنیم و آرزوهایمان در حد همان آرزو بمانند. خیلی از مراجعینم با غرزدن پیش دوستانشان به رابطه خودشان لطمه‌های بسیار مهلکی و جبران‌ناپذیری زده‌اند و باید خیلی حواسمان باشد که رابطه خودمان را الکی به باد ندهیم.

# فصل سوم:
## چطور شاد زندگی بکنیم؟

ما به دنیا آمدیم تا شاد و خوشبخت زندگی بکنیم، ولی گاهی در زندگی همه ما اتفاقاتی می‌افتد که این فرصت را از دست می‌دهیم و به‌جای شادی، افسردگی و استرس زیادی را تجربه می‌کنیم. برای اینکه بتوانیم در این لحظات سخت و دردناک از پس خودمان و مشکلاتمان بربیاییم، لازم است که بدانیم ماهیت این دنیا چیست و چگونه پیش می‌رود.

دنیایی که ما در آن زندگی می‌کنیم، چهار ویژگی بسیار کلیدی و مهم دارد که با دانستن و آگاه‌شدن به آن می‌توانیم تا حدودی استرس و اضطراب را در درونمان کاهش بدهیم.

## ◈ ۱-پرتغییربودن

اولین ویژگی و ماهیت دنیا، پرتغییربودن آن است. این دنیا پر است از تغییراتی که هر لحظه در حال افتادن است. وقتی با همچنین دنیایی در ارتباط هستیم، پس نباید انتظار داشته باشیم که همه چیز ثابت بماند. برای مثال اگر امروز من حال خوبی دارم و از نظر مالی هیچ مشکلی ندارم، معنی‌اش این نیست که تا آخر عمر قرار است این‌طوری بماند و ممکن است اتفاقی رخ بدهد که اصلا فکرش ر ا هم نمی‌کردم.

آیا یکی از ما فکر می‌کرد که در سال ۹۸ ویروس منحوسی به نام کرونا بیاید و این‌چنین دنیا را تحت تأثیر بگذارد؟ خیلی‌ها ورشکست شدند، خیلی‌ها کسب‌وکارشان از رونق افتاد؛ اما در این میان افرادی هم بودند که توانستند کسب‌وکارشان را راه‌اندازی کنند یا اگر قبلا داشتند به آن بال‌وپر دادند و تقویتش کردند. چرا این اتفاق افتاد؟ برای اینکه این افراد پرتغییربودن دنیا را پذیرفته بودند و تلاش کردند به‌جای اینکه غر بزنند و اعتراض بکنند، خودشان را با آن وفق دهند.

## ◆ ۲- عدم قطعیت

دومین ویژگی دنیا عدم قطعیت است. اگر ما این را دریابیم که دنیا هیچ قطعیتی در آن نیست، خیلی از ناراحتی‌ها و استرس‌های ما از بین می‌روند. ما فکر می‌کنیم باید همیشه همه چیز ثابت و قطعی بمانند و همه چیز گل‌وبلبل باشد، درحالی‌که اصلا این‌طور نیست. هیچ قطعیتی در کار نیست و باید این را پذیرفت.

چندی پیش یک مراجعه‌کننده داشتم که داشت از سردشدن رابطه‌اش گلایه می‌کرد و می‌گفت روزهای اول همسرم خیلی بامحبت بود و برایم بیشتر وقت می‌گذاشت، ولی الان که یک‌ساله عروسی کردیم، دیگر مثل سابق برایم وقت نمی‌گذارد و کنارم نیست.

چیزی که این مراجع من فراموش کرده بود، همین عدم قطعیت بود که انسان‌ها و به تبع آن رابطه انسان‌ها تحت تأثیر شرایط و احوالات قرار می‌گیرد. قرار نیست ما در رابطه همیشه حالمان خوب باشد یا در بیزینس همیشه سود کنیم و اصلا قرار نیست دنیا آن‌گونه پیش برود که ۱۰ سال پیش بود. باید این عدم قطعیت را بپذیریم و برایش خودمان را آماده کنیم.

## ◆ ۳- پیچیدگی

سومین ویژگی و ماهیت دنیا پیچیدگی است. این دنیا پر از پیچیدگی‌هایی است که هنوز بشر به آن آگاهی ندارد و اگر قرار بود انسان همه چیز را بداند و سریع به آن دست پیدا کند، زندگی معنی پیدا نمی‌کرد و تلاش و کوشش و علم انسان هیچ ارزشی نداشت. پس باید پیچیدگی دنیا را هم پذیرفت و این به ما کمک می‌کند که برنامه‌ریزی‌هایی که انجام می‌دهیم طبق آن چیزی که ما می‌خواهیم پیش نرفت، افسرده نشویم یا به زمین و

زمان بدوبیراه نگوییم.
مثلا در همین ایام کرونا ما همه این ویژگی‌ها را به چشم مشاهده کردیم. قرار بود دوماهه دارویش را بسازند اما نشد و شد شش ماه و این نشان از پرتغییر و عدم قطعیت و پیچیدگی دنیا است.
در رابطه با خودمان و دیگران هم این پیچیدگی صدق می‌کند و اگر حواسمان نباشد سریع می‌بازیم. انسان موجودی است به‌شدت پیچیده و هر چقدر یک نفر روی خودش وقت بگذارد و کلاس‌های آموزشی برود تا به خودشناسی برسد، باز هم نمی‌تواند تمام و کمال خودش را بشناسد و طبیعتا با این شرایط، دیگران را هم نمی‌شود کامل شناخت؛ چون همه ما موجودی پیچیده هستم و در دنیای پیچیده زندگی می‌کنیم.

## ◈ ٤-ابهام

چهارمین ویژگی دنیا ابهام است. مبهم‌بودن و ناشناخته‌بودن از ویژگی‌های اصلی دنیا محسوب می‌شود که ما می‌توانیم با آگاهی به این داستان حجم بیشتری از استرس را از دوش خود برداریم.
فرض کنید در دنیا همه چیز واضح و مشخص بود و هیچ ابهامی وجود نداشت. آیا انسان انگیزه زندگی‌کردن و تلاش‌کردن داشت؟ انسان ذاتا جست‌وجوگر است و دوست دارد چیزی را کشف بکند و مدام دنبالش برود و به نتایج جدیدی برسد. پس ما باید پذیرفتن این ویژگی می‌توانیم جلوی خیلی از افسردگی‌ها را بگیریم و وقتی انسان افسرده نباشد پس دارد به سمت شادی و شادزیستن حرکت می‌کند.
حدود یک ماه پیش می‌خواستم وبیناری -کلاس آنلاین- برگزار کنم با موضوع ساختن رابطه عاطفی مطمئن و محکم. همه منابعی را که لازم بود، مطالعه کرده بودم و همه چیز آماده بود، ولی وقتی می‌خواستم پاورپوینت

کلاسم را آماده کنم با مطالبی روبه‌رو می‌شدم که هیچ اطلاعاتی نداشتم و مجبور می‌شدم بروم بگردم تا آن موضوع را حلش کنم و این برای من با اینکه سخت بود، جذابیت خاصی داشت و انگیزه‌بخش بود. دنیا هم همین است، همین ابهام‌داشتن باعث می‌شود دنبال چیزی برویم و پیدایش کنیم و اساسا کشف چیزی برای انسان انگیزه‌بخش است.
این چهار ویژگی اصلی دنیایی است که در آن زندگی می‌کنیم و با آگاهی به آنها می‌توانیم به سمت شاد زندگی‌کردن حرکت کنیم. شاید در نگاه اول برای بعضی از ما بی‌معنی باشد که مگر می‌شود با فهمیدن این ویژگی‌ها شاد زندگی کرد؟ یادمان باشد که دانستن اینها به ما آگاهی می‌دهد و دانش و آگاهی یکی از شکاف‌هایی است که هر انسانی دارد و شکاف‌هایی دیگری همچون شکاف مهارتی، انگیزشی و محیطی هم دارد که باید در هر یک از آنها موارد لازم را یاد گرفت و به کار گرفت.

## ◈ معلمی سخت‌گیر

وقتی دوم دبستان بودم خیلی علاقه داشتم بدانم چرا شادی واقعی را تجربه نمی‌کنم. شاید این سؤال فراتر از سن‌وسالم بود، اما دست خودم نبود و این سؤال مثل خوره افتاده بود به جانم و ول‌کنم نبود. یک روز که درس ریاضی داشتیم و قرار بود معلم‌مان از ما سؤال کند، ولی من درس نخوانده بودم و ریاضی‌ام از همان اول بد بود. آن روز حسابی کتک خوردم و معلمم با عصبانیت گفت اگر دفعه بعد بلد نباشی طوری می‌زنمت که جنازه‌ات را به خانه ببرند. هفته بعد باز در زنگ ریاضی من درس نخوانده بودم، ولی خوشبختانه از شانس من انتخابات شورای مدرسه بود و آن روز هم قسر دررفتم. هفته بعد دوباره همان آش و همان کاسه بود و من درس نخوانده بودم و فکر می‌کردم معلممان هم یادش رفته، ولی اولین نفری که پای تخته

کشاند من بودم و در دلم هرچه فحش بود نثار مبارکش کردم. این بار کتکم نزد، اما مردودم کرد تا مجبورم شوم سال بعد دوباره در همان کلاس و همان نیمکت‌ها بنشینم.

شاید این داستان خیلی از ما باشد که اگر از درس‌های زندگی عبرت نگیریم، زندگی مجبورمان می‌کند آن درس را پاس کنیم و تا پاس نشدیم به مرحله بعدی نمی‌توانیم برویم. ما به دنیا آمدیم تا درس زندگی بیاموزیم و دنیا آموزگار ماست. اگر موفق به یادگیری درس‌های زندگی نشویم، این آموزگار سخت‌گیر بالاخره دست‌بردار نیست و روزی، جایی گیرمان می‌آورد و حساب کار را دستمان می‌دهد.

در این بخش می‌خواهم عوامل مهمی که با درس‌گرفتن از آنها می‌توانیم شادی و خوشحالی واقعی و زندگی شادی را تجربه کنیم، بررسی بکنیم.

اولین درسی که باید از آن آگاه باشیم، این است که درس‌های زندگی پایان‌پذیر نیستند. تا زمانی که ما هستیم و نفس می‌کشیم، مشکلات زندگی هم هستند و پا به پای ما می‌آیند.

در زندگی باید همیشه آمادگی و پذیرش یادگیری مسائل جدید را داشته باشیم و انعطاف‌پذیر باشیم؛ چون دنیا روی قانون احتمالات بنا شده و هر لحظه و در هر شرایطی ممکن است اتفاقاتی پیش بیاید که پیش‌بینی نکرده بودیم و تاکنون به آنها توجهی نداشتیم. این آمادگی که در روان‌شناسی ACT به عنوان تمایل و گاها به پیچ رادیو تعبیر می‌شود، باعث می‌شود هر روز که از خواب بیدار می‌شویم، خودمان را آماده هر اتفاقی می‌کنیم. این به آن معنی نیست که منتظر اتفاقات بد می‌نشینیم، نه، بلکه خودمان را از قبل آماده یادگیری و رودررویی با مسائل جدید کردیم تا وقتی یک اتفاق ناگوار یا پیش‌بینی‌نشده‌ای رخ داد، خودمان را مستحق ناکامی‌ها ندانیم و

به زمین و زمان فحش ندهیم و خودمان را بدبخت‌ترین انسان روی کره زمین قلمداد نکنیم.

خیلی از افراد متأسفانه از مشکلات زندگی فرار کرده، راهبرد مقابله‌ای را اتخاذ می‌کنند؛ به این معنی که سعی می‌کنند از آنچه اجتناب‌ناپذیر است و در کنترل ما نیست، فرار کنند؛ مثلا مرگ یا خیانت مواردی هستند که دست ما نیست و ما نمی‌توانیم جلوی آن را بگیریم. کسی که از مرگ فرار می‌کند همیشه حالش بد است و می‌ترسد که نکند بمیرد و مرگ را یک پدیده دیوصفت برای خودش می‌داند و برای همین آرامش واقعی را حس نمی‌کند و از چیزهایی که الان دارد لذت نمی‌برد؛ چون به چیزی فکر می‌کند و از آن می‌ترسد که تحت کنترل خودش نیست. یا خیانت‌کردن همسر؛ کسی که از خیانت می‌ترسد و مدام فکر و ذکرش این است که نکند همسرم به من خیانت کند، می‌آید راهبرد مقابله‌ای را انتخاب می‌کند؛ شروع می‌کند به چک‌کردن همسرش، زنگ می‌زند، گوشی را جواب ندهد دوباره، دوباره، پیام می‌دهد کجایی؟ چرا جواب نمی‌دهی؟ لوکیشن بفرست، عکس بفرست، فیلم بفرست و... .

و این‌گونه زندگی خودش را تبدیل به جهنم می‌کند و هیچ‌وقت روی آرامش را نخواهد دید و چه‌بسا که آن اتفاق ناگوار یعنی خیانت رخ می‌دهد.

بهترین روش برای مقابله با ترس‌هایمان اقدام‌کردن و پذیرفتن آن است. کسی که مرگ را پذیرفته که دست خودش نیست و هر لحظه ممکن است از راه برسد و ما را در قطار خویش سوار کند، خودش را آماده کرده و تلاش می‌کند هر روز بهترین خودش باشد و انسان بهتری نسبت به دیروز خود باشد و این فرد دیگر خودش را با دیگران مقایسه و کسی را قضاوت نمی‌کند؛ چون این دو عامل ازبین‌بردن شادی و هیجانات مثبت انسان هستند.

جوزف کمپبل در رابطه با زندگی‌کردن و شادزیستن جمله قشنگی دارد، می‌گوید: «فقط با رفتن به اعماق زندگی متوجه می‌شویم زندگی مانند گوهر است. در آنجایی که گمراه شدید، گوهر هستی شما وجود دارد. همان غاری که از ورود به آن می‌ترسید، سرچشمه آن چیزی است که به دنبال آن می‌گردید».

زندگی همیشه همراه با درد و رنج است و ما نمی‌توانیم توقع داشته باشیم یک زندگی بدون دردسر داشته باشیم. ویلیام گلسر جمله قشنگی دارد که می‌گوید: هر راه‌حلی در زندگی مشکلات خودش را دارد و شما فقط انتخاب می‌کنید که کدام مشکل را برگزینید. آسان‌ترین راه در مواجهه با درد و رنج‌های زندگی، خونسردبودن است! هر مشکلی که برای ما به وجود می‌آید، باعث پخته‌تر و مستقل‌ترشدن ما می‌شود. همه ما به این جمله معروف باور داریم که: سختی‌ها انسان را مقاوم‌تر می‌کند.

اما در زمان بروز مشکل خیلی سخت است که بتوانیم خونسردی خود را حفظ کنیم و اکثر ما در این مواقع می‌گوییم: خدایا چرا این‌طور شد؟ ای خدا یک زندگی بدون دردسر به من بده! اما متأسفانه زندگی واقعی بدون دردسر امکان ندارد.

ممکن است ما دیگران و شرایط جامعه را مقصر بدانیم و بگوییم اگر همسر من آدم خوش‌اخلاقی بود، من می‌توانستم به موفقیت‌های بسیاری دست پیدا کنم یا اگر دولت از من حمایت می‌کرد، می‌توانستم برای هزار نفر کارآفرینی کنم و...؛ اما این حرف‌ها اشتباه است و نمی‌تواند باعث خوشبختی ما شود. ما باید یاد بگیریم در مقابله با این افراد مثل همسرمان یا رفیقمان یا پدر و مادرمان چطور مؤثر ارتباط برقرار کنیم و راه‌های ارتباط مؤثر با افراد بدقلق را یاد بگیریم. ما با رشد خودمان می‌توانیم برای دیگران

هم مؤثر باشیم و تأثیرگذار.
یادمان باشد هرکسی که وارد زندگی ما می‌شود، به عنوان معلم است و باید حواسمان باشد که درس لازم را بگیریم؛ والا همان‌طور که گفتم، زندگی به عنوان آموزگار ماست و اگر درس‌هایی را که به ما می‌دهد، خوب یاد نگیریم و با نمره مطلوب پاس نکنیم، بالاخره روزی، جایی باید درسمان را پاس کنیم.
آخرین نکته این است که شاید این سؤال را از خودمان بپرسیم که پس چه وقت زندگی راحت‌تر می‌شود؟ جواب هیچ‌وقت است. زمانی که در کلاس‌های زندگی ثبت‌نام کردیم، به این معنی بود که همه کلاس‌های زندگی را انتخاب کرده‌ایم و تا زمانی که زنده هستیم و نفس می‌کشیم، کلاس‌ها و مدرسه دایر است.
دو راه بیشتر نداریم؛ یا مردن را انتخاب کنیم یا زنده‌ماندن را و اگر زنده‌ماندن و زندگی‌کردن را انتخاب کردیم، باید بدانیم که همراه تغییر و یادگیری است و یادگیری و تغییر هم همواره همراه با درد و رنج است.

## ◈ پذیرش گذشته و بخشیدن آن

آیا شما هم جزء افرادی هستید که هنوز نتوانسته‌اند با گذشته خودتان کنار بیایند و خودشان را ببخشدن؟ یا اگر در گذشته اتفاقی ناخوشایند برای شما افتاده، هنوز نسبت به آن اتفاق یا حتی آدم احساس بدی دارید و این اجازه نمی‌دهد شما شاد باشید و همیشه حالتان گرفته می‌شود؟
متأسفانه یکی از قاتلان شادی پایدار هر انسانی، گذشته تلخ و وحشتناکش است و همه ما در گذشته یک‌سری اشتباهاتی را مرتکب شدیم، ولی بعد از این همه سال که از آن زمان می‌گذرد، نتوانستیم خودمان را مورد عفو قرار بدهیم و ببخشیم.

شاید بعضی از دوستان بگویند مگر می‌شود گذشته به آن مهمی را فراموش کرد و از بین برد یا اصلاً شما چه می‌دانید که آن آدم فلان‌فلان‌شده با من چه کار کرد و چه کار نکرد. من به این افراد می‌گویم عزیز دلم، من نمی‌گویم گذشته را فراموش کن، چون اصلاً شدنی نیست، بلکه حرف من این است که گذشته‌ات را ببخش و این همه خودت را سرزنش نکن که چرا آن اتفاق برای تو افتاده است.

به‌جای اینکه بنشینیم مدام غصه گذشته را بخوریم، می‌توانیم به آینده فکر کنیم و برایش برنامه‌ریزی کنیم و به سمتش حرکت کرده تا به اهدافمان برسیم و اگر فرصتی پیش آمد، چشم برمی‌گردیم و پدر گذشته را هم درمی‌آوریم.

از قدیم گفته‌اند گذشته را در گذشته دفن کن. یک اتفاق هر چقدر هم تلخ باشد که همه ما ممکن است در زندگی‌مان تجربه کرده باشیم، باز هم مغز انسان این قابلیت را دارد که بتواند با آن کنار بیاید؛ آن‌هم با پذیرش آن.

ما گذشته‌مان را نپذیرفتیم. نپذیرفتیم که انسان هستیم و انسان هم ممکن است خطا کند. اول باید خودمان را دوست داشته باشیم. ارزشی که برای یک رفیق ۱۰ساله قائل هستیم، باید برای خودمان هم قائل شویم؛ چون ما غیر از خودمان انتخاب دیگری نداریم. من ممکن است با یکی رفیق باشم و ببینم با هم حال نمی‌کنیم یا اخلاقمان به هم نمی‌خورد، راحت بگذارمش کنار، ولی آیا می‌شود خودمان را کنار بگذاریم؟ می‌شود با خودمان قهر کنیم؟

پس بهترین راه‌حل این است که اول گذشته خودمان را بپذیریم و ببخشیم؛ چون انسان هستیم و حق داشتیم و داریم که خطا کنیم و بعدش تمرین خوددوستی کنیم و با خودمان مهربان‌تر باشیم. در این صورت است که

می‌توانیم شادی پایدارتری را تجربه کنیم و از ته دل خوشحال باشیم.

## ◆ شناسایی افکار مخرب و جداسازی

انسان ذاتا متفکر خلق شده و متأسفانه ناخودآگاه به مسائل منفی بیشتر از مسائل مثبت فکر می‌کند و اینجاست که ما باید کنترل ذهن آگاه را به دست بگیریم تا بتوانیم آرامش بیشتری را تجربه کنیم.

روان‌شناسان می‌گویند ما ۱۰ فکر مخرب داریم؛ یعنی ما ۱۱ نفر هستیم؛ من به اضافه ۱۰ فکر دیگر. هریک از این افکار ویژگی و مأموریت خاص خودشان را دارند و ما برای اینکه بتوانیم آنها را کنترل کنیم، اول باید بشناسیمشان و بعد آنها را از خود جدا کنیم.

برای مثال یکی از افکار مخربی که خیلی ویرانگر است، فکر قربانی‌بودن است. این فکر ما را بدبخت‌ترین انسان روی کره خاکی معرفی می‌کند. شرایط جامعه را که می‌بینیم، هر روز دلار در حال بالارفتن است یا یک موفقیتی از کسی می‌بینیم، این فکر بالا می‌آید و می‌گوید ببین چقدر بدبختی تو، ببین فلانی در ناز و نعمت و امکانات است ولی تو هیچی نداری. این فکر قطعا نمی‌گذارد ما آرامش داشته باشیم؛ چون خودمان را یک قربانی می‌دانیم. در این مواقع بهترین راه این است که یک لحظه به خودم بگویم که امیرعلی این فقط یک فکر است و این فکر تو نیستی، بلکه بخشی از تو است و با مدیتیشن می‌توانیم این افکار را از خود دور کنیم.

یا فکر مخرب دیگری که خیلی ویرانگر است، فکر مقایسه‌کردن است. این فکر همیشه در حال مقایسه‌کردن خود با دیگران است؛ ببین فلانی ماشین داره تو نداری، ببین فلانی در یک رابطه خوب است ولی تو وارد هر رابطه‌ای که می‌شوی خراب می‌کنی یا خراب می‌شود، ببین تو چقدر بی‌عرضه هستی. این فکر اجازه نمی‌دهد ما خود واقعی‌مان باشیم و روی

آرامش را ببینیم؛ چون هر لحظه در حال مقایسه‌کردن خود هستیم.
وقتی ما افکار مخرب ذهنمان را شناسایی می‌کنیم و برای آنها اسم‌گذاری می‌کنیم، در زمانی که حالمان بد است، با خودمان می‌گوییم این فقط یک فکر است و الان فکر مقایسه‌گر یا قربانی‌بودن آمده بالا و این فکر من نیستم.
این‌طوری می‌توانیم از شر افکار منفی خلاص شویم و یکی از روش‌هایی که خودمم از آن بیشتر استفاده می‌کنم برای حفظ آرامش، این است که دفترچه‌ای دارم که همه نداشته‌هایم را در آن نوشتم؛ مثلا نوشتم منِ امیرعلی الان ماشین ندارم، خانه ندارم، رابطه خوب ندارم و... و در آخر نوشتم که من با وجود همه این نداشته‌ها، انسانی باارزش و دوست‌داشتنی هستم و هر موقع که حالم بد می‌شود سریع آگاه می‌شوم که الان چرا ناراحت هستم.
اینکه می‌بینم دوستم وارد یک رابطه شده و حالشان خوب است و من حالم بد می‌شود، اینجا آن نوشته‌ها به داد من می‌رسند؛ چون نوشته‌ام که من رابطه خوب ندارم در حال حاضر و اینجا متوجه می‌شوم که من چون رابطه ندارم، حالم بد می‌شود و فکر مخرب قربانی‌بودن که بالا آمده بود خود به خود می‌رود و سر جای خود می‌نشیند.
پس با این روش، یعنی نوشتن همه نداشته‌هایمان، می‌توانیم کنترل افکار مخرب را به دست بگیریم. متأسفانه این افکار تأثیر خیلی زیادی در شادزیستن ما دارند و تقریبا همه ما درگیرش هستیم.
یادمان باشد که ما نمی‌توانیم جلو افکار منفی را بگیریم که سراغ ما نیایند، اما می‌توانیم با تمرین خودآگاهی تأثیرشان را به حداقل برسانیم تا ضربه زیادی نزنند.
خیلی از ما وقتی حالمان بد می‌شود، دلیلش را نمی‌دانیم و کسی هم بپرسد

که چرا حالمان گرفته است، می‌گوییم همین‌طوری؛ اما واقعیت این است که حال انسان بدون دلیل گرفته نمی‌شود و حتما دلیلی دارد.

چطور بفهمیم که چرا حالمان بد می‌شود؟ با این روش ساده‌ای که بالا گفتم، یعنی نوشتن نداشته‌هایمان می‌توانیم این کار را انجام دهیم. بدین‌صورت که یک کاغذ برمی‌داریم و شروع می‌کنیم به نوشتن هر چیزی که نداریم؛ مثلا من می‌نویسم که الان ماشین ندارم، خانه ندارم، شرکتی را که دوست دارم داشته باشم فعلا ندارم، رابطه عاطفی ندارم و... . وقتی اینها را نوشتم، به یک خودآگاهی می‌رسم و از این به بعد وقتی حالم بد شد، نگاهی به نوشته‌هایم می‌کنم و آنجا می‌فهمم که من الان به این دلیل حالم بد است. آقای محمدزاده این را چطور می‌فهمیم؟ وقتی انسان به خودآگاهی برسد، خیلی راحت و شادتر می‌تواند زندگی بکند. من تا دیروز حالم بد می‌شد، چون دوستم را دیده بودم که با نامزدش رفتند بیرون و شب در اینستاگرام عکس‌های دونفره عاشقانه‌شان را گذاشته بودند و من حالم بد شده بود، چون من رابطه عاطفی ندارم ولی نمی‌دانستم و کسی هم می‌پرسید چرا حالت بد است، می‌گفتم چیزی نیست؛ اما الان چون نداشته‌هایم را یادداشت کرده‌ام، می‌فهمم که بله من الان به خاطر این ناراحتم که رابطه عاطفی ندارم، یعنی به خودآگاهی رسیدم.

این خودآگاهی باعث نمی‌شود من درد نداشته‌هایم را حس نکنم، اما باعث می‌شود آگاهانه درد بکشم و کسی که آگاه باشد به حال بدی‌هایش، خیلی حالش خوب است نسبت به کسی که هیچ اطلاعی راجع به خودش و داشته‌ها و نداشته‌هایش ندارد.

یک نکته بسیار مهم در رابطه با نوشتن نداشته‌ها اینکه بعد از نوشتن حتما آخرش این را قید کنیم که مثلا: امیرعلی عزیزم با وجود تمامی این نداشته‌ها

تو انسانی ارزشمند و دوست‌داشتنی هستی، چون اگر نبودی خدا تو را به این دنیا دعوت نمی‌کرد.

همه ما انسان‌های ارزشمندی هستیم با تمامی داشته‌ها و نداشته‌هایمان باید بلد باشیم که موقع نداری حالمان خوب باشد و این هم فقط زمانی اتفاق می‌افتد که خودمان را دوست داشته باشیم و خودمان را ارزشمند بدانیم.

## ◈ بی‌خبری، خوش‌خبری

وقتی نوجوان بودم، همیشه به این فکر می‌کردم که وقتی بزرگ شدم کاری کنم که همیشه خوشحال باشم و در ناز و نعمت و دیگر هیچ مشکلی نداشته باشم؛ اما وقتی بزرگ‌تر شدم و افراد پولدار و موفق دنیا را دیدم یا زندگی‌نامه‌شان را خواندم، فهمیدم این طرز فکر من اشتباه بوده است و من در این مدت در رؤیای چیزی بودم که نداشتم و حواسم به داشته‌هایم نبود. متأسفانه وجود اینترنت و شبکه‌های مجازی با اینکه تأثیرات مثبت خوبی در بشریت ایجاد کرده، ولی تأثیرات منفی زیادی هم داشته و باعث شده ترس و استرس و خود واقعی‌مان نبودن را یاد بگیریم؛ چون وقتی وارد شبکه‌های اجتماعی می‌شویم فقط ویترین زندگی افراد را می‌بینیم و با خودمان فکر می‌کنیم که چقدر بدبخت هستیم و این باعث شده همیشه در حال رؤیاپردازی باشیم.

به قول مارک منسون، اگر همیشه در رؤیای چیزی هستید، یعنی آن چیز را ندارید.

دنیا و تبلیغات به ما گفته‌اند که زندگی خوب یعنی داشتن خانه، ماشین، همسر خوب، پول بیشتر و...؛ اما واقعیت امر چیز دیگری است. واقعیت این است که لازم نیست همیشه تلاش بکنیم خوب باشیم، بلکه باید احساسات منفی خود را هم تجربه کنیم و بپذیریم وظیفه ما این است که تنها روی

چیزهایی تمرکز کنیم که برایمان واقعی، فوری و مهم هستند.
بشریت به بحران وجودی و معنایی مبتلا و در تنهایی اجباری که از روی انتخاب‌های اشتباه صورت گرفته، درگیر شده است. در جامعه مصرف‌گرایی و تزیین‌شده‌ای زندگی می‌کنیم و راه چاره فقط در اهمیت‌ندادن است. هنر بی‌خیالی یا اهمیت‌ندادن به معنی بی‌تفاوتی نسبت به اتفاقات زندگی نیست، بلکه به این معنی است که انتخاب بکنیم به چه چیزی بیشتر و اول اهمیت بدهیم. این گزینشی اهمیت‌دادن یعنی هنر بی‌خیالی.
آلن واتس، فیلسوف معروف، قانونی را مطرح می‌کند به اسم قانون معکوس؛ این قانون می‌گوید: هرچه بیشتر دنبال داشتن حس خوب همیشگی باشید، رضایت کمتری به دست خواهید آورد.

### ◈ خوشبختی یک مشکل است

بر اثر همین جامعه تزیین‌شده و مصرف‌گرا یک‌سری قواعدی شکل گرفته مثل اما و اگر که خوشبختی ما را مشروط کرده است؛ مثلا اگر من در فلان دانشگاه قبول شوم، خوشبخت هستم. اگر با فلانی ازدواج کنم، خوشبخت هستم و این قواعد غلط باعث شده شادی پایدار و عمیق را تجربه نکنیم. باید این را بپذیریم که مشکلات همیشه هستند و خواهند بود و نباید توقع یک زندگی بدون مشکل را داشته باشیم. راه‌حل هر مشکلی در واقع ایجاد یک مشکل دیگر است.

**به زندگی بدون مشکل امید نداشته باش، در عوض به دنبال زندگی‌ای باش که پر از مشکلات خوب است.**

اینجا ممکن است این سؤال پیش بیاید که پس خوشبختی چه زمانی اتفاق می‌افتد؟ خوشبختی زمانی رخ می‌دهد که ما مشکلات را انکار نکنیم و

ذهنیت قربانی‌بودن نداشته باشیم.
وقتی مشکلی پیش می‌آید، بعضی‌ها هستند سریع خودشان را قربانی شرایط و مشکلات می‌دانند و با این کار مشکلات را انکار می‌کنند؛ درحالی‌که گفتیم باید مشکلات را بپذیریم و در کنارش به داشته‌های خود توجه و تمرکز کنیم. در واقع خوشبختی با حل مشکلات ایجاد می‌شود.

## ◈ شکست، راهی به جلو است

خیلی از ما ترس از شکست داریم و به همین خاطر هم هیچ‌وقت کاری را شروع نکردیم یا نمی‌کنیم؛ چون می‌ترسیم که شکست بخوریم و جالب‌تر اینکه منتظر هستیم تا شرایط عالی باشد و همه چیز مهیا بعد شروع کنیم؛ درحالی‌که میزان موفقیت ما بر اساس همان تعداد شکست‌هایمان است. باید اقدام کنیم و شکست بخوریم و این مدام باید تکرار شود. البته این به این معنی نیست که باید همیشه شکست بخوریم، نه، بلکه به این معنی است که وقتی شکست خوردیم، نترسیم؛ چون ما آن آدم سابق نیستم، بلکه قوی‌تر و پخته‌تر شده‌ایم.
اگر می‌خواهیم شاد زندگی کنیم، باید هنر بی‌خیالی و اهمیت‌ندادن را یاد بگیریم. یاد بگیریم که فضای مجازی را کنترل کنیم و گول تبلیغات جامعه مصرف‌گرایی را نخوریم.
یکی دیگر از مواردی که باعث شده ما از ته دل شاد نباشیم و اکسیژن اصلی را برای ادامه زندگی و حرکت به سمت اهدافمان نداشته باشیم، این است که بیش از حد به احساساتمان توجه می‌کنیم. خیلی بیشتر از آن چیزی که لازم و نیاز باشد به احساسات خود اهمیت می‌دهیم. یادمان باشد که احساسات فقط علامت هستند که راه را به ما نشان دهند.
از طرفی هم نباید احساسات را سرکوب کرد، بلکه باید دید و پذیرفت.

احساس‌های مثل احساس گناه و عذاب وجدان را متأسفانه از بچگی خانواده جامعه و اطرافیان به ما داده‌اند و این باعث شده همیشه خودمان را مقصر بدانیم و حس خوبی نداشته باشیم و بیشتر تمرکز ما روی حس‌های منفی است. ذهن ما طوری طراحی شده که بیشتر روی احساسات منفی متمرکز می‌شود و ما باید با بالابردن خودآگاهی جنبه‌های مثبت و احساسات مثبت را هم ببینیم و ایجاد کنیم.

چند وقت پیش مراجعی داشتم که بعد از چند سال در رابطه بودن از پارتنرش جدا شده بود. دلیل جدایی‌شان را پرسیدم. گفت یک‌دفعه ولم کرد و رفت. کمی که با هم صحبت کردیم، مشخص شد ایشان قدش کوتاه بود و مدام روی این نقطه‌ضعفش تمرکز کرده بود و این باعث شده بود پارتنرش مدام به او می‌گفت کوتوله. بعد از مدتی طرف رفته بود با فرد دیگری وارد رابطه شده بود و این مراجع من می‌گفت فقط می‌خواهم بدانم چرا من را ول کرده و رفته با کسی که از من خیلی سطحش پایین‌تر است. گفتم دوست خوبم شما مدام روی نقطه‌ضعفت تمرکز داشتی و حس منفی داشتی به خودت و این حس باعث شده بود رفتارت هم منفی شود و طرفی که می‌گویی از تو سطحش پایین‌تر است، چون خودش را پذیرفته و نسبت به خودش حس منفی و بدی ندارد و روی داشته‌هایش تمرکز کرده، به خاطر همین دوست‌داشتنی و خواستنی شده است.

پس ما اگر فقط روی احساسات تمرکز کنیم، آن‌هم احساسات منفی، ناخودآگاه افراد را از دوروبرمان دور می‌کنیم و همه ما موجودات اجتماعی هستیم و اگر نتوانیم در جامعه ارتباط خوب و مؤثری را برقرار کنیم، به سمت افسردگی و تنهایی مزمن خواهیم رفت که باعث غمگین‌بودن و تنبلی ما خواهد شد.

بنابراین با وجود پذیرش احساسات منفی تلاش کنیم به سمت احساسات مثبت حرکت کرده و خلقشان کنیم.

## فصل چهارم:
## ماهی را هر وقت از آب بگیری تازه است

بچه که بودم همیشه دنبال رضایت دیگران بودم تا یکی ازم تعریف نمی‌کرد، می‌رفتم در لاک خودم و تا چند روز حالم بد بود و حتی با دوستانم هم بازی نمی‌کردم و حسرت می‌خوردم که آنها دارند با لذت بازی می‌کنند، ولی من هنوز در فکر این بودم که چرا دو روز پیش پدر یا مادرم لباس قرمزرنگم را تأیید نکردند که هیچ بلکه دعوایم کردند که این چه لباس جلف و بدریختی است که پوشیدی.

بزرگ‌تر که شدم این حس با من بود تا اینکه وارد دانشگاه شدم. یک پسر ۱۹ساله خجالتی که همیشه دنبال تأیید دیگران بوده و از خودش هیچ استقلال فکری نداشته، الان وارد محیطی شده که گرگ نباشد می‌خورندش و من بلد نبودم گرگ باشم و همیشه بره بودم و مثل یک مجسمه خمیری در دست دیگران که به هر شکلی که دوست داشتند از من شکل و شمایل و مجسمه دلخواهشان را می‌ساختند. فرصت‌های بی‌شماری را از دست دادم، از جمله هنر سخنرانی‌کردن در جمع را که از بچگی عاشقش بودم. سر کلاس حتی جرئت نمی‌کردم از استاد سؤال کنم و به خاطر همین دوستان کمی هم داشتم چون همیشه گوشه‌گیر بودم و نمی‌توانستم با کسی ارتباط بگیرم.

از یک دخترخانمی خیلی خوشم می‌آمد و حس می‌کردم که ایشان هم از من خوشش آمده اما جرئت نکردم بروم جلو و احساساتم را ابراز کنم، چون می‌ترسیدم طرد بشوم و بعد از چند ماه دیدم با یکی از همکلاسی‌هایم نامزد کرده‌اند.

این بخش کوچکی از زندگی بدون اعتمادبه‌نفس من بود که برای شما خواننده‌های عزیز تعریف کردم. در جامعه‌ای زندگی می‌کنیم که اگر اعتمادبه‌نفس نداشته باشیم، همیشه توسری‌خور خواهیم بود و خمیری

در دست دیگران و نخواهیم توانست توانایی‌های خودمان را نشان دهیم و طبیعتا پیشرفتی هم نخواهیم کرد. نداشتن اعتمادبه‌نفس و ضربه‌های مهلکی که به من وارد شده بود، باعث شد بروم دنبال یادگرفتن تکنیک‌هایی که بتوانم اعتمادبه‌نفسم را افزایش بدهم و تاریکی را که برای خودم ایجاد کرده بودم، تبدیل به نور و روشنایی کنم.

در این فصل می‌خواهم ۱۰ تکنیک فوق‌العاده برایتان معرفی کنم که با انجام‌دادن آنها از زندان تاریک و وحشتناک عدم داشتن اعتمادبه‌نفس بیرون بیایید و وارد یک دنیای پر از آزادی و آرامش بهاری شوید و یک زندگی جدید را شروع کنید مانند کسی که تازه از مادر متولد شده است. خب آماده‌اید برویم سراغ تکنیک‌ها؟

اول یک خودکار و کاغذ بردارید تا برویم؛ چون نوشتن چیزی یادگیری و به یادسپاری آن را چندین برابر افزایش می‌دهد.

## ◈ باور، کلید تغییر را بزن

خیلی وقت‌ها ما می‌خواهیم کاری را انجام دهیم، اما با اینکه خواستیم آن اتفاق برایمان نمی‌افتد؛ مثلا تصمیم می‌گیریم صبح زودتر از همیشه بیدار بشویم و چند تا ساعت کوک می‌کنیم، اما صبح که می‌شود همه ساعت‌ها را خاموش می‌کنیم و دوباره به بستر شیرین و نرم خودمان برمی‌گردیم. دلیلش این است که ما در ذهنمان یک‌سری باورها داریم که آنها اجازه نمی‌دهد چیزی که خواستیم اتفاق بیفتد. در واقع ما اول باید ذهنمان را کوک می‌کردیم بعد. باورهایی که داریم به عنوان فرماندهان ذهن هستند که باعث بروز رفتارها و احساسات و تصمیم‌ها می‌شوند. اعتمادبه‌نفس دو بال دارد؛ یکی کسب مهارت و دیگری باور ذهنی درست. تکنیک اول باور است که باید کلید تغییر را بزنی.

## ◈ وابستگی، بند نافت را ببر

چند سال پیش در یک میهمانی بودیم و با یک فرد بسیار متشخص و اجتماعی آشنا شدم، بعد از کلی صحبت راجع به مسائل مختلف گفتند که شما استعداد بازیگری خوبی دارید، شماره‌تان را بدهید تا هفته بعد با شما تماس بگیرم و به یک شرکت فیلم‌سازی معرفی‌تان بکنم. من یک هفته بست کنار تلفن نشستم و همه تماس گرفتند الا آن شخص محترم. شاید برای شما هم پیش آمده که به‌شدت به پول نیاز داشتید و دوستتان گفته که حتما برایت تهیه می‌کنم، اما روز موعد که رسیده یا گوشیش خاموش بوده یا کلا پاسخ نداده است.

ما از نظر جسمی و روحی با یک‌سری از قوانین طبیعت در ارتباط هستیم که اگر رعایت نکنیم، دودش به چشم خودمان خواهد رفت. یکی از این قوانین، قانون وابستگی است. هر چقدر به یک چیزی یا شخصی وابسته باشیم، آن اتفاق از ما فرار می‌کند و این قانون طبیعت است. پس ما باید اول بند نافمان را از آدم‌ها ببریم و روی توانایی‌های خودمان تمرکز کنیم، بعد اگر کسی هم کمکی کرد ازش تشکر هم می‌کنیم. پس تکنیک دوم برای افزایش اعتمادبه‌نفس عدم وابستگی به آدم‌هاست.

## ◈ توهم، خودت را چقدر می‌شناسی؟

آخرین باری که از انجام‌دادن کاری خوشحال بودید و حس خوبی داشتید، چه زمانی بوده؟ آخرین باری که اعتمادبه‌نفس داشتید، خاطرتان است؟ زمانی بوده که شما مهارت لازم را در کاری داشتید. متأسفانه ما گاهی توهم داریم که توانایی انجام‌دادن کاری را داریم؛ مثلا یک پسر ۱۲ساله را در نظر بگیرید که عشق رانندگی است و وقتی پشت فرمان می‌نشیند می‌زند

ماشین را له‌ولورده می‌کند. چرا؟ چون مهارت ندارد و فقط توهم مهارت رانندگی را دارد. ما هم در زندگی‌مان گاهی مثل پسربچه ۱۲ساله رفتار می‌کنیم و خودمان را خوب نمی‌شناسیم. برای این منظور راهکار این است که روی یک کاغذ نقاط قوت و ضعف خودمان را یادداشت کنیم تا نسبت به خودمان شناخت لازم را داشته باشیم.

## ◈ کمال‌گرایی، تفکر همه یا هیچ

دیدید افرادی را که راه نرفته می‌خواهند بدوند؟ یا غوره نشده می‌خواهند مویز شوند؟ این افراد مصداق کمال‌گراها هستند. کمال‌گرایی یعنی استانداردهایی که برای یک کار تعریف می‌کنیم، مضراتش بیشتر از منافعش باشد. افرادی که کمال‌گرا هستند می‌خواهند همه چیز کامل باشد تا بعد شروع کنند و هیچ‌وقت هم همه شرایط عالی نمی‌شود و به خاطر همین یکی از موانع بزرگ افزایش اعتمادبه‌نفس همین کمال‌گرایی است که اجازه نمی‌دهد ما کاری را شروع کنیم و در مسیر رشد کنیم. برای ازبین‌بردن کمال‌گرایی لازم است که ماهیت انسان‌بودن خودمان و دیگران را بپذیریم. بپذیریم که ما انسان هستیم و ممکن است خطا کنیم و این اصلا ایراد نیست. از قدیم گفته‌اند ناقص شروع‌کردن بهتر از هرگز شروع‌نکردن است.

## ◈ عزیزم، بی‌تفاوت باش

اگر می‌خواهید اعتمادبه‌نفس داشته باشید، حزب باد نباشید. افرادی که حزب باد هستند، نسبت به انتقادهایی که به آنها می‌شود به‌شدت تحت تأثیر قرار می‌گیرند و خودشان را می‌بازند؛ چون به توانایی‌های خودشان باور ندارد. اگر می‌خواهید اعتمادبه‌نفس داشته باشید، نسبت به انتقادهای دیگران بی‌تفاوت باشید. البته منظور ما این نیست که وقتی می‌بینیم انتقادی

اصولی و سازنده است از کنارش بی‌تفاوت رشد بشویم.

## ◈ بهانه، اعتمادبه‌نفس ندارم

اعتمادبه‌نفس ندارم چون همیشه پدر و مادرم به من می‌گفتند تو هیچ‌کسی نمی‌شوی، اعتمادبه‌نفس ندارم چون در مدرسه‌مان همیشه معلممان مسخره‌ام می‌کرد و دوستانم هم می‌گفتند تو هیچ‌وقت کاره‌ای نمی‌شوی.

اینها بخشی از بهانه‌هایی است که افراد کم‌اعتمادبه‌نفس دارند. ما منکر تأثیر خانواده، محیط، مدرسه و دوستان نمی‌شویم؛ اما اعتمادبه‌نفس را می‌شود یاد گرفت و تقویت کرد. اگر دنبال افزایش اعتمادبه‌نفس هستی، بهانه‌هایت را بگذار کنار و مسئولیت صددرصدی زندگی‌ات را به دست بگیر. از قدیم گفتند کسی که بخواهد کاری را انجام دهد، راهش را پیدا می‌کند و کسی هم که نخواهد کاری را انجام دهد بهانه‌اش را.

## ◈ همنشینی، با کیا می‌پری رفیق!

برای هر تغییر و دگرگونی در زندگی لازم است که روابطمان را هم تغییر دهیم که افزایش اعتمادبه‌نفس هم از این قاعده مستثنا نیست. اگر دوستانی دارید که همیشه در حال غرزدن و اعتراض‌کردن هستند و حتی به خودشان احترام نمی‌گذارند، لازم است تجدیدنظری بکنید تا عده‌ای را حذف کنید و با عده‌ای هم ارتباطتان را به حداقل برسانید. تکنیک هفتم برای افزایش اعتمادبه‌نفس تغییردادن دوستانمان است.

## ◈ اول اداشو در بیار!

در روان‌شناسی یک بحث جالبی است به اسم حالت‌ها و رفتارها. هر رفتاری حالت خاص خودش را دارد؛ مثلا کسی که بوکسور است در میدان مبارزه حالت جنگ می‌گیرد، یعنی گارد مبارزه یا کسی که می‌خواهد

یوگا کار کند، حالت ریلکسیشین را به خودش می‌گیرد و دست‌هایش را روی زانوهایش می‌گذارد. برای داشتن اعتمادبه‌نفس هم لازم است اول ادای آن را دربیاوریم بعد خودش خود به خود ایجاد می‌شود. افرادی که اعتمادبه‌نفس دارند، مصمم و پرتلاش هستند، موقع صحبت‌کردن ریتمشان تندتر از مردم عادی است و در موقع راه‌رفتن هم تندتر از بقیه راه می‌روند و از همه مهم‌تر فکرشان مثبت است و برای همه داشته‌ها و نداشته‌هایشان شاکر هستند. پس برای افزایش اعتمادبه‌نفس اول ادای افراد با اعتمادبه‌نفس را در بیارید تا بعد خودش ایجاد شود.

## ◈ از خودت تشکر کن

خیلی از ما عادت کردیم وقتی کار اشتباه و نادرستی انجام می‌دهیم، هزاران بار خودمان را سرزنش می‌کنیم، ولی یاد نگرفته‌ایم وقتی کار کوچک مثبتی انجام می‌دهیم، خودمان را تشویق کنیم، برای خودمان کف بزنیم و هدیه بگیریم. شاید به‌ظاهر خیلی ساده و بی‌معنی باشد، اما یکی از تکنیک‌های فوق‌العاده افزایش اعتمادبه‌نفس دیدن کارهای مثبت کوچک خود و تشکر از خود است؛ مثل آب‌دادن به گل‌ها، تماس با یک رفیق و حال و احوالپرسی، تمیزکردن اتاق و... پس از امروز شروع کن هر روز برو جلو آینه و پنج تا از کارهای خوبی که انجام دادی، بشمار و از خودت تشکر کن.

## ◈ ترس، حاضری شیرجه بزنی؟

ترس یکی از موانع بسیار بزرگ داشتن اعتمادبه‌نفس است.

در روان‌شناسی می‌گویند اگر از چیزی می‌ترسید، باید به آن نزدیک بشوید و خودتان را داخل ترستان ول کنید. اگر از آب می‌ترسید باید بروید داخل آب تا ترستان بریزد یا اگر از جلوی جمع صحبت‌کردن می‌ترسید باید

بروید جلوی جمع و صحبت کنید. ولی معمولا ما برعکس این کار را انجام می‌دهیم و فرار می‌کنیم. تکنیک دهم برای افزایش اعتمادبه‌نفس این است که ترس‌هایتان را شناسایی کنید و با بررسی منطقی و عقلانی خودتان را داخل ترس‌هایتان بیندازید و شیرجه بزنید تا ترستان بریزد.

## ◈ عزت‌نفس و خوددوستی

عزت‌نفس مفهوم گسترده‌ای دارد و من اینجا خیلی کوتاه به آن اشاره‌ای می‌کنم و چند تمرین می‌دهم که بتوانید در کنار افزایش اعتمادبه‌نفستان، عزت‌نفستان را هم افزایش بدهید.

ساده‌ترین مفهوم عزت‌نفس این است که انسان نسبت به خودش احساس ارزشمندی بکند و خودش را به خاطر انسان بودنش محترم و دوست‌داشتنی بداند.

بعضی وقت‌ها ما برای دیگران آن‌قدر وقت می‌گذاریم که خودمان را از یاد می‌بریم، یادمان می‌رود که اولویت خودمان هستیم و اول باید خودمان را دوست داشته باشیم.

فرض کنید با رفیق ۲۰ساله‌تان بحثتان می‌شود و از دست هم ناراحت می‌شوید و مقصر هم دوستتان است، چه کار می‌کنید؟ می‌زنید زیر همه چیز و رفاقت ۲۰ساله را از بین می‌برید؟ طبیعتا نه چون به کارهای خوب رفیقتان فکر می‌کنید و می‌بخشیدش؛ اما اگر خودمان اشتباهی مرتکب بشویم سال‌ها عذاب وجدان می‌گیریم و با خودمان بد می‌شویم. حاضر نیستیم خودمان را ببخشیم.

کسی که عزت‌نفس دارد اول از همه خودش را دوست دارد و کسی که خودش را دوست دارد طبیعتا دیگران را هم جور دیگری دوست دارد. برای خودش وقت می‌گذارد، خودش را محترم می‌داند و در کنارش بقیه را هم

محترم و ارزشمند می‌داند. خب این فرد دوست‌داشتنی نیست؟
کسانی که همیشه از محبت‌کردن به دیگران گلایه دارند و می‌گویند بشکند این دست که نمک ندارد و این همه محبت می‌کنم ولی همه دشمن من هستند، این افراد عزت‌نفس ندارند؛ چون خودشان را دوست ندارند و به خاطر همین توقع دارند محبتی که می‌کنند سریع به آنها برگردد.
چند روز پیش یک مراجعی داشتم که از این رفتار افراطی‌اش به ستوه آمده بود. می‌گفت آقای محمدزاده من همیشه حواسم به همه هست و تلاش می‌کنم به همه محبت کنم، اما کسی من را دوست ندارد. خیلی جالب بود، می‌گفت: در خیابان اگر ببینم کسی نیاز به کمک دارد باید به آن فرد کمک کنم وگرنه احساس عذاب وجدان می‌گیرم یا بدون اینکه کسی از من درخواست بکند بهشان کمک می‌کنم و دوست ندارم کسی مشکلی داشته باشد و این رفتارهایم خیلی اذیتم می‌کنند.
خب این دوستمان به محبت‌کردن افراطی و بیش از حد احساسی‌بودن دچار هستند. این اسمش عزت‌نفس نیست، بلکه برعکس ایشان چون عزت‌نفس ندارند و خودشان را دوست ندارند، می‌خواهند با این کارشان همیشه در دید مردم باشند و تأیید و توجه بگیرند. این خودش یک بیماری است که باید به فکر علاج بود. حالا علاجش چیه؟
علاجش این است که در مرحله اول بپذیریم که این مسئله را داریم و بعد نیازها و خواسته‌های خودمان را در اولویت قرار بدهیم و هرکسی که نیاز به کمک داشت، اول به خودمان توجه کنیم و اجازه بدهیم طرف مقابل هم با مشکلاتش روبه‌رو بشود تا تجربه کند و نیاز نیست ما همیشه نقش رابین‌هود را بازی کنیم. باید به آدم‌ها فرصت اشتباه‌کردن داد.
تمرینی دیگری که برای افزایش عزت‌نفس به مراجعینم می‌دهم این است که

به آنها می‌گویيم هر روز بروند جلو آینه و از خودشان به خاطر ویژگی‌های خوب و مثبتی که دارند، تشکر کنند؛ هرچند این ویژگی‌ها کوچک و ریز باشد مثل آب‌دادن به گل‌ها. این باعث می‌شود کم‌کم خودمان را ببینیم و با خودمان مهربان‌تر باشیم.

اکسیژن

فصل پنجم:
خودشکوفایی

در قرن گذشته روان‌شناس‌ها می‌گفتند انسان باید دستاورد و موفقیتی داشته باشد تا بتواند خوشحال و خوشبخت باشد، ولی بعدها دیدند افرادی هستند که همه چیز دارند اعم از پول، شهرت، موفقیت، خانواده خوب، همسر خوب، فرزندان سالم و... اما حالشان خوب نیست و انگار چیزی کم است و به این نتیجه رسیدند که انسان قبل از اینکه به موفقیت دست پیدا کند، اول باید در مسیر خودشکوفایی استعدادها و توانایی‌هایش باشد.

خودشکوفایی نظریه جدید روان‌شناسی است که پنج تا مؤلفه دارد و هر انسانی اگر می‌خواهد در مسیر خوشبختی و شادزیستن باشد، باید همه این پنج مؤلفه را تقویت کند.

این پنج مؤلفه عبارت‌اند از:

## ◈ ۱- احساس شادی کردن

اولین قدمی که باید برای خودشکوفایی برداریم، افزایش هیجانات مثبت است. کسی که احساس شادی بیشتری می‌کند، خوش‌بین‌تر نسبت به بقیه است و کسی هم که خوش‌بین است، دنیا را طور دیگری می‌بیند و این باعث می‌شود توانایی‌ها و استعدادهای خودش را بهتر بشناسد و به سمتشان حرکت کند.

علی فردی است که همیشه در حال تمرین خوشی‌بینی نسبت به زندگی است؛ یعنی اتفاقات بد زندگی را می‌بیند و می‌پذیرد و در کنارش سعی می‌کند امیدوار و خوش‌بین به آینده باشد و این امیدواری باعث احساس شادی کردن می‌شود.

اما سامان فردی است که همیشه در حال غرزدن است و تلاش می‌کند از هر چیزی ایراد بگیرد و به همه چیز گیر بدهد. از عالم و آدم گلایه می‌کند و در حال اعتراض‌کردن است. خب طبیعتا سامان فرصت ندارد به مسائل

مثبت فکر کند و در کنار نیمه خالی لیوان، بخش پر لیوان را هم ببیند. تفاوت بین علی و سامان این است که هر دو واقعیت‌های تلخ جامعه را می‌بینند؛ اما علی در کنارش اتفاقات خوب را هم می‌بیند و امیدوار است و این خوش‌بینی باعث ایجاد انگیزه شده و به سمت اهدافش می‌رسد، ولی سامان فقط منفی‌ها را می‌بیند و چون به خودش و آینده امید ندارد، به خاطر همین سه‌ساله که می‌خواهد مرکز ترجمه خودش را راه‌اندازی کند ولی جرئت نکرده است.

پس ما اولین کاری که باید انجام بدهیم این است که تلاش کنیم هیجانات مثبت و شاد خود را زیاد بکنیم.

## ◈ ۲-داشتن رابطه خوب

دومین اصلی که برای خودشکوفایی نیاز است، داشتن رابطه خوب با اطرافیان یا سازمانمان است. افرادی که رابطه خوبی دارند و بلد هستند چطور رهبری کنند و حل تعارض را یاد گرفته‌اند، در زندگی فردی و سازمانی خود موفق‌تر از بقیه هستند.

جالب است بدانید ایجاد هیجانات مثبت و شادی تأثیر بسیار زیادی در بهبود روابط دارد. کسی که احساس شادی بیشتری دارد، رابطه‌اش با همسرش، بچه‌هایش و سازمانش و حتی با مشتری‌هایش خیلی بهتر است.

پس باید خیلی جدی برای رابطه‌هایمان وقت بگذاریم و با یادگیری مهارت‌های ارتباط مؤثر، حل تعارض و رهبری روابطمان را بهبود ببخشیم.

## ◈ ۳-دستاورد داشتن

این بحث را در فصل‌های بعدی کاملا مفصل توضیح داده‌ام و اینجا هم چون جزء ارکان مهم خودشکوفایی بود، آوردم که حواسمان باشد برای

داشتن خودشکوفایی یکی از مؤلفه‌ها کسب موفقیت و دستاورد داشتن است. کسی که دستاورد دارد، در جامعه مورد احترام است و احساس خوبی به خودش و اطرافیانش دارد.

## ❖ ٤-مشارکت اجتماعی داشتن

یکی دیگر از مواردی که برای خودشکوفایی نیاز است، مشارکت‌داشتن در اجتماع است. همه ما می‌دانیم که انسان یک موجود اجتماعی است و در جامعه است که انسان رشد می‌کند و قد می‌کشد. اگر مردمی در کار نباشد و اگر جامعه‌ای نباشد، تلاش ما معنی ندارد. ما برای چه کسی تلاش می‌کنیم؟ برای چه کسی کار می‌کنیم و محصول و تولید می‌کنیم؟ حالا چه در مقام یک کارمند یا کارآفرین.

مشارکت اجتماعی یعنی من از لاک خودم بیرون بیایم و بروم با مردم اخت بگیرم و در کارهایشان کمک کنم و از آنها هم برای انجام کارهایم کمک بگیرم.

در جامعه بودن باعث بروز توانایی‌ها و استعدادها می‌شود و ما متوجه بُعد تازه‌ای از وجودمان می‌شویم که تا الان به آن بی‌توجه بودیم.

## ❖ ٥-معنای زندگی را پیداکردن

انسان اگر همه دنیا را صاحب باشد و موفق‌ترین فرد روی زمین باشد اما معنای زندگی را پیدا نکرده باشد، احساس شادی عمیق و پایداری را تجربه نخواهد کرد.

روان‌شناسان به این نتیجه رسیدند که انسانی که دنبال معنای زندگی خود می‌گردد، امیدوارتر و شادتر از بقیه مردم است. معنای زندگی یعنی من بدانم که برای چه چیزی به دنیا آمدم و رسالت من چیست؟ چرا باید من

به دنیا می‌آمدم؟

به دنیا آمدن ما یک موهبت بسیار بزرگ و خارق‌العاده است، چون از بین ۲۰ میلیون اسپرم فقط من و شما انتخاب شدیم پا به این دنیا بگذاریم. چرا باید از این میهمانی که من و تو دعوت شدیم، لذت نبریم و اصلا مگر می‌شود خدای بزرگ ما را بدون دلیل به این میهمانی بزرگ دعوت کرده باشد. از نظر من محال است که همچنین اتفاقی بیفتد، چون ما انسان‌ها در زندگی خود وقتی یک میهمانی ساده می‌گیریم با دلیل و برهان این کار را می‌کنیم حتی آن دلیل فقط خوش‌گذرانی باشد.

الان که به این دنیا و میهمانی بزرگش دعوت شدیم، چرا خوش نباشیم؟ چرا خوشبخت زندگی نکنیم؟ من و تو لایق بهترین زندگی هستیم، چون اگر نبودیم به این دنیا دعوت نمی‌شدیم.

معناداشتن زندگی به مسیر زندگی ما جهت می‌دهد، در بزرگراه‌های زندگی راهنمای ما می‌شود و هر وقت غم به دلمان نشست، می‌توانیم به معنای زندگی خود نگاه کنیم و از خود بپرسیم چرا من به این دنیا دعوت شدم؟ معنای زندگی هر شخصی متفاوت و متناسب با شرایط و امکانات زندگی خودش است. شاید یکی با کارهای خیر انجام‌دادن معنای زندگی‌اش را تعریف کند، یکی با تأسیس مؤسسه‌های خیریه برای بچه‌ها یا زنان بی‌سرپرست این کار را بکند و شاید یکی هم مثلا با تدریس‌کردن و آگاهی‌بخشیدن به مردم و مربی انسان‌ها بودن معنا و رسالت فردی خودش را تعریف می‌کند.

شاید الان اینجا این سؤال پیش بیاید که چطوری معنای زندگی‌ام را پیدا کنم. اول باید یک لیست از کارهایی که همیشه دوست داشتیم انجام بدهیم، درست کنیم بعد به صورت داوطلبانه در آنها شرکت کنیم و ببینم روحیه ما

با آن کار جور درمی‌آید یا نه صرفا فقط یک علاقه بوده است.

شاید برای شما هم جالب باشد در کشور ما از ۸۰ میلیون نفر جمعیت، ۶۰ میلیون نفر توهم دارند که بازیگر هستند یا می‌خواهند بازیگر بشوند. این توهم از کجا می‌آید؟ چرا می‌خواهی بازیگر بشوی؟ صرفا برای دیده‌شدن و معروف‌شدن؟ این چه کمکی می‌تواند به مردم بکند؟ الان معنای زندگی تو به عنوان بازیگر چه چیزی است؟

ما به این میهمانی بزرگ دعوت شدیم که دنیا را جای بهتری بکنیم. باید دنبال خدمت‌رسانی باشیم و قرار هم نیست همه سراغ کاری بروند.

حتما خانم نرگس کلباسی را می‌شناسید که در ماه‌عسل به مردم ایران معرفی شد. خانم کلباسی معنای زندگی خودش را در خدمت‌رسانی به مناطق محروم پیدا کرده بود و به همین خاطر هم وقتی زلزله آمد، کل زندگی‌اش را ول کرد و رفت در مناطق زلزله‌زده واسطه شد و خیلی‌ها صاحب منزل شدند.

کاری که انتخاب می‌کنیم، باید بهایش را هم بپردازیم و سختی‌هایش را تحمل کنیم؛ والا می‌شویم جزء همان ۶۰ میلیون نفری که فکر می‌کنند بازیگر هستند یا می‌خواهند بازیگر بشوند و وقتی از نزدیک با سختی‌های کار بازیگری آشنا می‌شوند، اکثرشان پا پس می‌کشند.

فصل ششم:

هر چه پول بدهی آش می‌خوری

در زندگی همه ما دوست داریم کاری را که انجام می‌دهیم از آن لذت ببریم و با عشق و آرامش آن را انجام دهیم؛ اما چند درصد مردم دنیا از کار خود راضی هستند و از انجام‌دادن آن لذت می‌برند؟ شاید درصد بسیار کمی؛ چون این افراد باورشان بر این است که یا کارفرمایشان آدم بدجنسی است یا شرایط اقتصادی کشور افتضاح است یا اینکه پدر و مادرشان نگذاشتند بروند دنبال کاری که واقعا دوست داشتند و از دنیا طلبکار هستند. مارک تواین جمله بسیار قشنگی دارد که می‌گوید: سعی نکنید بگویید دنیا یک زندگی به من بدهکار است، دنیا چیزی به شما بدهکار نیست. این جمله همه بهانه‌ها را از ما می‌گیرد و باعث می‌شود تلنگری بخوریم و سرمان به سنگ بخورد و دست از اعتراض، غرزدن و بهانه‌تراشی‌های مختلف برداریم و به دنبال راه چاره باشیم.

در این فصل می‌خواهیم مواردی را با هم بررسی کنیم که چه بهانه‌هایی باعث می‌شود ما دنبال شغل مورد علاقه‌مان نرویم و چه راهکارهایی وجود دارد که می‌توانیم از آن برای رهایی از این معضل استفاده کنیم.

اولین اصلی که باید در نظر بگیریم، این است که: «تصمیم بگیرید آن چیزی را که می‌خواهید انجام دهید، دوست داشته باشید». این شاید با این اصل که انسان باید از قلبش پیروی کند و برود دنبال کاری که دوست دارد انجام دهد، همسو باشد، اما پیروی از قلب در مراحل دیگری است؛ چون ممکن است شما الان به پول نیاز داشته باشید و لازم است که از شغل فعلی‌تان پول دربیاورید و در لابه‌لای این کار، دنبال شغل مورد علاقه‌تان هم بروید. ما بعضی اوقات لازم است در زمانی کوتاه بهترین تصمیم را بگیریم، پس لازم است که اول شرایط و کار فعلی خودمان را دوست داشته باشیم و به آن عشق بورزیم، بعد دنبال کاری برویم که قلبمان

می‌گوید و دوستش داریم. از فعل ورزیدن استفاده کردم. گفتم کاری که الان داری انجام می‌دهی ولی شغل مورد علاقه‌ات نیست، بهش عشق بورز تا لذت‌بردن را یاد بگیری. در روان‌شناسی داریم که اگر به چیزی یا شخصی که دوست ندارید، عشق بورزید؛ یعنی کاری کنید برایش که دوست‌داشتن شما را نشان دهد، خود به خود محبت و علاقه بین آن دو به وجود می‌آید. اگر از شغلتان خوشتان نمی‌آید، دو راه بیشتر وجود ندارد؛ یا طرز فکرتان را عوض کنید یا شغلتان را.

بیشتر افراد فکر می‌کنند اگر شغل راحتی داشتند، بهتر بود؛ درحالی‌که شغل با سختی‌هایشان معنی پیدا می‌کند و جالب‌تر اینکه صاحب هر کسب‌وکاری فکر می‌کند کسب‌وکارهای دیگر آسان هستند. پرستارها فکر می‌کنند کار دکترها راحت است، فروشندگان فکر می‌کنند کار مدیران‌فروش آسان و راحت است؛ درحالی‌که هیچ شغل مطلوب و راحتی وجود ندارد؛ چون افراد فقط در قبال کارهایی که خودشان نمی‌توانند یا نمی‌خواهند انجام دهند به ما پول می‌دهند. اگر همه کارها توسط خود افراد انجام می‌شد، شغلی ایجاد نمی‌شد.

## ◈ بیشترین تلاش را بکنید

زمانی که صددرصد تلاشمان را برای انجام‌دادن کاری می‌کنیم، خوشنودتر و شادتر می‌شویم و حس خوبی پیدا می‌کنیم. یادتان هست موقع مدرسه رفتنمان را که مادرمان می‌گفت تکالیفت را درست انجام بدهی اجازه می‌دهم بروی با بچه‌های همسایه بازی کنی و ما هم همه تلاشمان را می‌کردیم و زودتر تکالیفمان را به سرانجام می‌رساندیم و می‌رفتیم برای بازی‌کردن. این یک نمونه از کاری بود که با نهایت تلاش انجام می‌دادیم. تا حالا رانندگان تاکسی را دیدید که از کارشان خیلی راضی هستند و

خوش‌برخوردترند و درآمد خوبی هم دارند؛ چون شادمانی تأثیر زیادی بر کسب‌وکار دارد و باعث افزایش درآمد هم می‌شود؛ اما کسی که همیشه از شغل خود ناراضی است و دنبال شغل راحت و آسانی است، در حال غرزدن و اعتراض‌کردن است و خوشنودی کمتری دارد و معمولا برخورد خوبی هم با مشتری‌هایشان ندارند. «رانندگان خوب روحیه خوبی دارند چون خوب سرویس می‌دهند».

افرادی که از کار خود لذت می‌برند، هنگامی که از خواب بلند می‌شوند هدفشان این است که امروز نسبت به دیروز بهترین خود باشند و در عمل شاید این اتفاق نیفتد، اما مهم قصد و هدفشان است که این افراد صبح زود انتخاب و تعیین کرده‌اند.

امکان دارد از شغلی که دارید راضی نباشید و لذت هم نبرید و حتی به آن علاقه‌مند نباشید، حداقل کاری که می‌توانید انجام دهید، این است که در اوقات فراغت مشغول کاری شوید که دوست دارید و از آن لذت می‌برید. متأسفانه خیلی از ما نقش قربانی‌بودن را بازی می‌کنیم و زمانی را برای خود اختصاص نمی‌دهیم. اگر نتوانید در اوقات فراغتتان کارهایی را که به آن علاقه دارید انجام دهید، بعید به نظر می‌رسد که در ساعات دیگر هم بتوانید انجام دهید.

## ◈ نمی‌دانم چه کاری را دوست دارم

اگر نمی‌دانید چه کاری را دوست دارید یا حتی در آن استعداد دارید، شاید سال‌ها پیش به ندای درونتان گوش نداده‌اید. همه ما یک ندای درونی داریم که ما را به سمت آینده هدایت می‌کند و باعث می‌شود که ما دنبال شغل مورد علاقه‌مان برویم؛ اما اینکه دنبالش نرفتیم این بوده که معمولا خواسته خود را فدای خواسته دیگران اعم و از پدر و مادر و دوست و معلم خود

کردیم. دوست داشتیم موزیسین شویم، ولی به خاطر خواست مادرمان رفتیم دکتر شدیم. پدر و مادر درست است که محترم و عزیز هستند، اما آن کار را شما قرار است انجام دهید؛ پس باید به ندای درونی‌تان گوش بکنید. اگر مدت زمان زیادی را به خاطر دیگران کاری را انجام دهید، این ندای درونی دیگر خیلی کار نمی‌کند و چه‌بسا یادتان برود که اصلا چه چیزی را دوست داشتید.

شاید این امکان وجود داشته باشد که چون همیشه به حرف دیگران گوش کردید، به شما تلقین شده باشد که از شغلتان راضی هستید. اگر می‌خواهید بدانید که آیا واقعا از شغلتان راضی هستید، ببینید نشانه‌های زیر را دارید یا نه:

۱-صبح زود از خواب برخیزید و دلتان نخواهد که به استراحت ادامه دهید
۲- در زمانی که کار می‌کنید، خودتان را فراموش کنید
۳- درباره تلاش در کار ساعت‌ها صحبت کنید.

## ◈ کار برای پول

### «بیشتر مردم در تمام زندگی خود به ماهیگیری می‌روند، ولی هیچ‌وقت در واقع دنبال ماهی نیستند» (هنری دیوید تورو)

اگر شما هم مثل خیلی از انسان‌ها فقط به خاطر پول‌درآوردن کاری را انجام می‌دهید، سخت در اشتباه هستید؛ چون ممکن است شغل شما درآمد خوبی نداشته باشد و این تلنگر خوبی می‌تواند باشد که ما کاری را انجام دهیم که دوست داریم.

ما از نظر روحی و جسمی با یک‌سری قوانین طبیعت در ارتباط هستیم و یکی از این قوانین عدم وابستگی است. این قانون به ما در رابطه با

کار می‌گوید کاری را صرفا برای پول‌درآوردن انجام ندهید؛ چون فقط زجرکشیدنش می‌ماند، بلکه باید از کاری که انجام می‌دهید لذت ببرید؛ چون هدف فراتر از پول است.

هر کاری که در حال انجام‌دادن آن هستید، نوعی مسابقه با افرادی است که کارشان را دوست دارند و در این مسابقه چون شما کارتان را دوست ندارید به رقیب خود خواهید باخت.

## ۷ روش فوق‌سری

خلقت انسان طوری طراحی شده که ذاتا دوست دارد موفق شود و تمام تلاش خود را می‌کند که به موفقیت‌های بالاتر و بیشتری دست پیدا کند تا هم خودش را به عالم و آدم نشان دهد، هم در رفاه زندگی بکند و این رفاه را برای خانواده، همکار و دوستانش هم تزریق بکند؛ اما مسئله‌ای که وجود دارد این است که دستیابی به این موفقیت به همین راحتی نیست که ذکرش رفت و باید خیلی از موانع را پشت سر گذاشت و تلخی‌ها و ناکامی‌ها را تحمل کرد و تسلیم نشد تا بلکه یک فرجی اتفاق بیفتد. در دو فصل گذشته درباره ۱۰ قانون طلایی و راهکارهایی که باعث می‌شوند آرزوهایمان آرزو نمانند، صحبت کردیم و در این فصل می‌خواهم تکنیک‌های تکمیلی را بگویم که با آگاهی داشتن به این تکنیک‌ها می‌تواند زندگی ما را زیرورو کند.

دنیا بر اساس قانون عدم قطعیت بنا شده و هیچ چیز مطلقی وجود ندارد و فقط وظیفه ما این است که کارمان را درست و با اصول انجام دهیم تا احتمال پیروزشدن را بالاتر ببریم. در این فصل هفت تکنیک فوق‌سری را به شما معرفی می‌کنم تا در مسیر رشد و موفقیت بیراهه نرویم و زودتر به مقصد برسیم.

### ◈ اول؛ قوانین را بپذیرید

در دنیا یک‌سری قوانین هستند که با آگاهی و پذیرش آنها، راحت‌تر می‌توانیم مسیری را که انتخاب کردیم پیش برویم. این قوانین بی‌طرف هستند؛ یعنی چه ما بخواهیم چه نخواهیم اینها کار خودشان را می‌کنند و تأثیرات لازمه را می‌گذارند. یکی از این قوانین قانون علت و معلول ارسطو است. قانون علیت می‌گوید هر اتفاقی که در دنیا می‌افتد، علتی دارد و آن علت هم معلولی؛ یعنی ما کار بی‌دلیلی نداریم. اگر من در کارم پیشرفت نمی‌کنم یا رابطه‌ام با همسر یا همکارم خوب نیست، پس حتما یک دلیلی وجود دارد و باید آن را پیدا کنم و درصدد درست‌کردنش بربیایم.

سه قانون اساسی ذهنی داریم که خیلی می‌تواند به ما کمک بکند:

اولی؛ قانون باور: این قانون در رابطه با باورهای مثبت و منفی ذهن صحبت می‌کند و خوشبختانه قابل آموختن است. باورهای منفی باورهای محدودکننده‌ای هستند و مثل ترمز عمل می‌کنند و ما باید باورهای منفی خود را به چالش بکشیم.

دومی؛ قانون جذب: حتما همه ما در رابطه با قانون جذب یک‌سری مطالب شنیدیم یا خواندیم که هر چیزی را که در ذهنمان به آن ایمان داشته باشیم آن را جذب می‌کنیم.

سومی؛ قانون تناظر: این قانون می‌گوید زندگی بیرونی شما بازتاب زندگی درونی شماست.

پس خیلی باید مراقب قوانین ذهنی‌مان باشیم و آنها را بپذیریم و از آنها در راستای اهدافمان استفاده کنیم.

### ◈ دوم؛ خواسته خود را به شکل شفاف تعیین کنید

دومین مرحله‌ای که برای رسیدن به اهدافمان کمکمان می‌کند، تعیین خواسته‌های خود به صورت شفاف است. دقیق مشخص کنیم چه می‌خواهیم و چقدر هزینه دارد و ما آیا حاضریم هزینه‌اش را بپردازیم یا نه. اهمیت شفافیت این است که ارزش‌هایمان را کشف می‌کنیم و وقتی ارزش‌هایمان را بدانیم قطعا مسیرمان هموارتر خواهد شد. بهتر است اهداف شغلی خود را تعیین کنیم و در کنار آن اهداف فردی و خانوادگی را هم مشخص کنیم؛ چون اهداف فردی دلیل اهداف شغلی هستند و در تحقیقات ثابت شده که ۸۵ درصد شادی‌ها از روابط می‌آید.

اینجا هفت مؤلفه را برای تعیین اهدافتان بیان می‌کنم:

۱- دقیق باشد

۲- بنویسید

۳- مهلت زمانی تعیین کنید

٤- فهرستی تهیه کنید

۵- اولویت‌بندی کنید

٦- بر اساس برنامه عمل کنید

۷- هر روز کاری انجام دهید

## ◈ سوم؛ تقویت عادت شجاعت و اعتمادبه‌نفس

اگر می‌خواهید به خواسته‌هایتان برسید باید عادت شهامت، شجاعت و اعتمادبه‌نفس را در خودتان تقویت و پرورش دهید. هیچ انسان ترسویی تا الان به خواسته‌هایش نرسیده که من و شما دومی باشیم. ترس یعنی تجربیاتی غیرواقعی که واقعی جلوه می‌کنند. پس ترس‌هایتان را شناسایی بکنید و دل را به دریا بزنید و بروید به دل ترس‌هایتان و با آنها رویارو شوید. برای داشتن اعتمادبه‌نفس هم طوری رفتار کنید که انگار اعتمادبه‌نفس لازم

را دارید و به قول روان‌شناسان اول ادای موفقیت را دربیاورید تا به خودش برسید.

از همه مهم‌تر شجاعت و اعتمادبه‌نفس باعث سلامت جسمانی شما شده و شادی و هیجانات مثبت را در شما بیشتر می‌کنند و باعث تقویت روابطتان هم می‌شود.

## ◈ چهارم؛ عمل محور باشید

چهارمین مرحله چابک‌بودن است. به این معنی که سعی کنید کارهایتان را با سرعت بیشتری انجام دهید و در محل کارتان اگر کاری هست سریع دست به کار شده و داوطلب شوید و آن را به اتمام برسانید؛ این‌گونه هم در ذهن مدیر و همکارانتان به یک فرد عمل‌گرا معروف می‌شوید و هم خودتان حس خوبی پیدا می‌کنید و از همه مهم‌تر کارهایتان زودتر به نتیجه می‌رسد. پس فرصت‌ها را به سرعت نور دریابید و ابتدا سراغ مهم‌ترین کارها بروید و احساس فوریت را در خود تقویت کنید و در نهایت روی نتایج تمرکز داشته باشید.

## ◈ پنجم؛ خودتان را وقف یادگیری پیوسته کنید

یک فرمول سه‌بخشی وجود دارد که باعث می‌شود از قافله افراد موفق جا نمانی.

## ۱- هر روز مطالعه کن

حتما در هر حوزه‌ای که فعالیت می‌کنی هر روز مطالعه داشته باش حتی یک صفحه؛ این‌طوری همیشه به روز بازار خودت هستی و می‌دانی چی به چیست.

## ۲- گوش کن و بیاموز

پادکست‌های زیادی در اپلیکیشن‌های متفاوت وجود دارد که می‌توانی به راحتی تهیه بکنی و در ماشین که هستی یا در خیابان که راه می‌روی با هندزفری گوش کنی. هم یاد می‌گیری، هم انگیزه‌ات بیشتر می‌شود وهم لذت می‌بری و حتی ممکن است ایده‌های جذابی به ذهنت برسد. برای من که این‌طور بوده و خیلی هم کیف کردم.

## ۳- آموزش‌های حضوری

آخرین بخش فرمول سه‌بخشی شرکت در سمینارها یا کارگاه‌های آموزشی است. با افراد جدید آشنا می‌شوی و در جمع‌های خوب قرار می‌گیری که برای یادگیری کنار هم جمع شده‌اند و هم اندوخته علمی‌ات افزایش پیدا می‌کند و پیشرفت می‌کنی.

### ◈ ششم؛ برنامه‌ریزی کاربردی داشته باش

برای موفقیت بی‌شک باید برنامه‌ریزی داشته باشی؛ آن‌هم از نوع کاربردی‌اش. چشم‌انداز خودت را مشخص کن و ارزش‌های زندگی‌ات را کشف کن و در کنار آن به چرایی خلقتت و رسالت فردی‌ات فکر کن و پیدا بکن و مقصود و اهدافت را تعیین کرده و اولویت‌بندی کن و بعد از اینها شروع کن به اقدام‌کردن. به همین راحتی می‌توانی برنامه‌ریزی داشته باشی.

### ◈ هفتم؛ از ثروت به نفع خود استفاده کن

اما آخرین مرحله از هفت مرحله مهم برای رسیدن به اهدافمان استفاده از ثروت به نفع خودمان است. در اول این فصل از قانون عدم قطعیت صحبت کردم و اینجا هم می‌خواهم به‌نوعی به این قانون اشاره داشته باشم و بگویم

که دنیا به‌طورکلی بر اساس نظریه احتمالات عمل می‌کند و کسی موفق‌تر است که بتواند این احتمالات را به نفع خودش گسترش دهد. برای اینکه بتوانی نظریه احتمالات را افزایش بدهی و در نتیجه احتمال موفق‌شدنت بیشتر شود، هفت کار زیر را حتما انجام بده:

۱- تصمیم جدی برای سرآمدشدن

۲- اهداف مشخص

۳- روی عملکرد تمرکز کن

٤- پذیرش مسئولیت صددرصدی

٥- از فرصت‌ها برای نشان‌دادن خودت استفاده کن

٦- ضعیف‌ترین مهارت کلیدی خودت را پیدا کن

۷- تسلیم نشو.

## ◈ چگونه در مدت زمان کم بازدهی بیشتری داشته باشیم؟

امروزه همه ما انسان‌ها دوست داریم کارهایمان در کمترین زمان ولی با بیشترین بازدهی انجام شود و با پیشرفتی که علم و تکنولوژی دارد ما را مجبور می‌کند به فکر چاره باشیم؛ وگرنه از قافله فتح‌کنندگان قله موفقیت جا خواهیم ماند.

برای اینکه بتوانیم در مدت زمان کم بازدهی بیشتری داشته باشیم، چند راهکار علمی و عملی را پیشنهاد می‌کنم که با رعایت آنها می‌توانید هم در زمان خود صرفه‌جویی کنید و هم بهره بیشتری از زمانتان ببرید.

### اول: روی امور به‌شدت مهم تمرکز کنید

یک جمله معروفی است که می‌گوید: هرچه بیشتر سعی در انجام کاری داشته باشی، کمتر بهش می‌رسی. برای اینکه بتوانید در کارتان موفق شوید

و به کارهایتان برسید و به نحو احسن به اتمام برسانید، بیایید کارهایتان را به اهداف کوچک‌تری تقسیم کنید. وقتی اهداف را تقسیم‌بندی کردید، اولویت‌بندی کنید و از مهم‌ترین کار شروع کنید؛ چون هم راحت‌تر می‌توانید برایشان وقت بگذارید و هم انگیزه کارتان بیشتر می‌شود. فقط یادتان باشد اهدافی که انتخاب می‌کنید، دقت کنید به اندازه کافی بتواند موتور انگیزه‌تان را روشن کند.

پس اولین قدم انتخاب اهداف مهم با اولویت اول است

## دوم: بر اساس معیارهای متقدم عمل کنید

بعد از اینکه اهدافتان را مشخص کردید، باید معیاری برای سنجش و اندازه‌گیری میزان موفقیتتان داشته باشید. برای اندازه‌گیری می‌توانید اهدافتان را به دو دسته اهداف متأخر و متقدم تقسیم‌بندی کنید. اهداف متأخر یعنی اهدافی که شما در نهایت به آن دست پیدا می‌کنید. اشکال اهداف متأخر این است که دیر به نتیجه می‌رسند؛ مثلا شما هدفتان این است که پایان‌نامه خود را دفاع کنید و این مستلزم یکسری اهداف متقدم است، مثل خواندن مقالات مختلف، نت‌برداری از آنها و در نهایت تایپ‌کردن همه یادداشت‌هایتان. در اینجا برای اینکه شما زودتر به نتیجه دلخواه در زمان کمتری برسید بایستی از اهداف متقدم شروع کنید و بعد از اتمام اهداف متقدم هدف متأخر خود به خود اتفاق می‌افتد.

## به‌جای تمرکز روی اهداف متأخر، روی اهداف متقدم متمرکز شوید

## سوم: تابلوی امتیازات مشوق داشته باشید

وقتی بخواهیم به عملکردمان نمره بدهیم، آن وقت متفاوت عمل خواهیم کرد. تجربه نشان داده و محققان هم این را ثابت کرده‌اند که مغز انسان طوری طراحی شده که برای داشتن بازدهی و عملکرد بیشتر باید مدام مورد تشویق و سنجش قرار بگیرد. ما برای اینکه خودمان را در جهت اهداف متقدم سوق بدهیم باید تابلویی با عنوان تابلو امتیازات برای خودمان اختصاص بدهیم و هر روز میزان پیشرفت خود را روی آن با نمره‌دادن نسبت به عملکردمان ثبت کنیم. این نمره‌ها باعث نوعی حس رقابت با دیروز خودمان می‌شود و از طرفی باعث انگیزه می‌شود و در نتیجه ما روی اهداف متقدم متمرکزتر می‌شویم و در آخر می‌توانیم برای خود پاداش‌هایی در نظر بگیریم که در صورت عملکرد بهتر به خودمان تقدیم کنیم.

**تابلو امتیازات باعث ایجاد حس رقابت و انگیزه می‌شود**

## چهارم: برنامه بازخواست و پیگیری منظم داشته باشید

آخرین مرحله از مرحله چهارگانه برای انجام‌دادن بهتر کارها در زمان کم، مرحله بازخواست و پیگیری منظم است. در مرحله سوم گفتیم که باید یک تابلوی امتیازدهی داشته باشیم و این تابلو، عملکرد ما را نسبت به روزهای قبل نشان می‌دهد. این مرحله آخرین مرحله نگه‌داشتن تمرکز بر روی اهداف متقدم است. می‌توانیم برای خودمان یا اگر سازمانی داریم، همین روش‌ها را در آنجا هم پیاده‌سازی کنیم و برای خودمان جلسات هفتگی برگزار کنیم تا عملکرد خود را مورد ارزیابی قرار بدهیم و در صورت نتیجه مطلوب می‌توانیم پاداشی را که از قبل برای خود در نظر گرفته بودیم، به خود هدیه بدهیم.

با پیگیری‌های منظم اهداف متقدم آنها را تبدیل به نتایج مطلوب کنیم و برای خود جشن کوچکی بگیریم.

## ◈ ۱۱ شاه‌کلید برخورد با مشکلات

همه ما به عنوان انسان با مشکلات متعددی دست‌وپنجه نرم می‌کنیم. کسی که در زندگی‌اش مشکلی ندارد، یک جای کار می‌لنگد یا کاری انجام نمی‌دهد یا مرده‌ای متحرک بیشتر نیست.

اگر این را بپذیریم که انسان مساوی است با مشکل، طرز برخوردمان هم متفاوت خواهد شد. خیلی از ما هنوز ماهیت انسان‌بودنمان را نپذیرفتیم و مدام در حال اعتراض و غرزدن هستیم که چرا من؟ این مشکل چرا باید برای من پیش می‌آمد؟

سؤالم این است در اول این مقاله که شما دیدگاهتان نسبت به مشکلات چیست؟ آیا باور و طرز فکرتان این است که مشکلات مانع رسیدن ما به اهداف و آرزوهایمان می‌شوند یا نه باور دارید که باعث رشد و شکوفایی ما می‌شوند؟

تونی رابینز باور قشنگی دارد و می‌گوید مشکلات باعث رشد و گسترش ما می‌شوند و با حل‌کردن یک مشکل تبدیل به یک فرد دیگری می‌شویم. اینجا ۱۱ شاه‌کلید در برخورد با مشکلات به شما معرفی می‌کنم که برگرفته از تونی رابینز است.

## شاه‌کلید یکم: نگاهتان را به مشکلات عوض کنید

اولین قدم برای حل مشکلات تغییردادن نگرش و طرز فکرمان است. مشکلات را ابزاری برای رشد و شکوفایی خود ببینید نه مانعی برای رسیدن به اهدافتان.

## شاه‌کلید دوم: پرسش‌های بهتری مطرح کنید

اگر می‌خواهید مشکلات را به صورت درست و حرفه‌ای حل‌وفصل کنید که باعث پیشرفت و رشد شما شوند، پرسش‌های خود را تغییر بدهید. خیلی از مردم موقع برخورد با مشکل می‌گویند: آخه چرا من؟ چرا باید این مشکل سر من می‌آمد؟ اینها کارساز نیستند، بلکه باید از خود بپرسیم الان با این شرایط چه کاری می‌توانم بکنم که مؤثر و مفید باشم؟

## شاه‌کلید سوم: واژگان خود را تغییر دهید

«واژگانی که برای بیان احساسات خود به کار می‌بریم، چگونگی احساسات ما را رقم می‌زند» (تونی رابینز)

هنگام برخورد با مشکل مراقب کلماتی باشید که استفاده می‌کنید. به‌جای مشکل از کلمه «مسئله» استفاده کنید. وقتی می‌گوییم مشکل، ناخودآگاه این به ذهن خطور می‌کند که یعنی چیزی که قابل حل نیست؛ اما وقتی از کلمه مسئله استفاده می‌کنیم، یعنی چیزی که قابل حل است و مغز دنبال راهکار می‌گردد.

پس به‌جای مشکل از کلمه مسئله استفاده کنیم.

## شاه‌کلید چهارم: طرز به‌کارگیری بدنتان را تغییر دهید

شاید برای همه ما پیش آمده که وقتی یک جای بدنمان درد می‌کند، پرخاشگری‌مان بیشتر می‌شود؟ می‌دانید چرا؟ چون نوع شکل‌گیری جسم ما در روحمان تأثیر دارد. این را برای این گفتم که موقع داشتن مشکل که بهتر است از مسئله استفاده کنیم، طرز شکل‌گیری بدنمان را تغییر دهیم. چند نفس عمیق بکشیم و اجازه دهیم بدنمان آرام بگیرید تا بعد راجع به

مسئله‌ای که داریم، فکر کنیم و دنبال راه‌حل بگردیم.

## شاه‌کلید پنجم: با خود روراست باشید

این مسئله خیلی مهمی است که در برخورد با مسئله و مشکلی خود را نفریبیم. بپذیریم که این مشکل را داریم. آن را انکار نکنیم و از آن فرار هم نکنیم. همان‌طور که هست آن را ببینیم و بزرگ و کوچک نکنیم و روراست باشیم. بعد ببینیم حل‌کردن این مشکل چه چیزی را در ما افزایش می‌دهد.

## شاه‌کلید ششم: هدایت تمرکز ذهنتان را در دست گیرید

خیلی مهم است که در مواجهه با مشکل، هدایت و تمرکز ذهنمان را به دست بگیریم. هدایت و تمرکز ذهن قبل‌تر هم گفتم پرسیدن سؤال‌های مفید و خوب است.

کاری که می‌شود انجام داد، قانون ۲۰-۸۰ است؛ یعنی ۲۰ درصد تمرکزمان را روی مشکل بگذاریم و ۸۰ درصدش را برای پیداکردن راه‌حل. این می‌تواند از پراکندگی ذهن جلوگیری کند.

«بهترین راه برای حل هر مشکلی آن است که پس از یافتن راه‌حل، پیوسته بر آن تمرکز کنید» (تونی رابینز)

## شاه‌کلید هفتم: مشکلات را از قبل پیش‌بینی کنید

این یکی از رازهای افراد موفق است. ما باید برای مشکلات خود را آماده کنیم. این به این معنی نیست که منفی‌نگر باشیم و منتظر مشکلات، بلکه به این معنی است که از خود بپرسیم اینجا چه مشکلی ممکن است پیش بیاید؟ و از قبل خودمان را برای شرایط بد آماده بکنیم.

بهترین راه این است که برای هر مشکل چند تا ایده و راه‌حل پیدا کنید که اگر از یکی جواب نگرفتید، آن یکی را امتحان کنید.

## شاه‌کلید هشتم: در احساس اطمینان بیافرینید

احساس اطمینان خیلی مهم و کلیدی است. همه ما دوست داریم بدانیم که آیا می‌توانیم از پس این مشکل بربیاییم یا نه. این احساس اطمینان را باید در وجود خودتان بیافرینید. کسی که اعتمادبه‌نفس و اطمینان دارد که می‌تواند از پس مشکلات بربیاید، فرق دارد با کسی که این اطمینان را ندارد.

برای افزایش احساس اطمینان اول باید مهارت‌هایی را یاد بگیریم؛ مهارت‌هایی مانند حل تعارض، تصمیم‌گیری و افزایش کارآمدی و بعد باورهای خودمان را نسبت به خودمان تغییر بدهیم. خودمان را توانمند و کارآمد بدانیم. اینها باعث می‌شود رفته‌رفته احساس اطمینان ما افزایش پیدا کند.

«مسئولیت زندگی خود را گردن بگیرید. با مشکلات از سر اطمینان برخورد کنید تا راه‌حل‌هایی بسیار بهتر در برابرتان پدیدار شوند» (تونی رابینز)

## شاه‌کلید نهم: به مشکلاتی با کیفیت بهتر بپردازید

ما باید یاد بگیریم که به مشکلات با کیفیت بهتری بپردازیم. گفتیم که مشکلات همیشه هستند چه ما بخواهیم چه نخواهیم. مشکل بهتر یعنی اینکه هدف‌های بزرگ‌تر و بهتری داشته باشیم؛ مثلا اگر هدف من این باشد که چطور می‌توانم قبض‌های خودم را پرداخت کنم، این یک مشکل سطحی است و باعث رشد من نمی‌شود؛ اما اگر هدف من این باشد که چطور می‌توانم پول دربیاورم که خانواده‌ام در رفاه باشند؟ کارم را گسترش بدهم؟

چطور می‌توانم با پول بیشتر به مردن خدمت‌رسانی کنم؟ اینها می‌شود مشکل با کیفیت که حل‌کردنش باعث رشد و خود شکوفایی می‌شود. اگر بر راه‌حل‌های مشکلات مهم و بهتر تمرکز کنیم، برخی از مشکلات کوچک از صحنه خارج خواهند شد. آنها را به راحتی رفع خواهیم کرد.

## شاه‌کلید دهم: شما هیچ مشکلی ندارید

شاید برایتان سؤال پیش بیاید که تا اینجا ما گفتیم هر کاری کنیم مشکل داریم و خواهیم داشت، پس این چه حرفی است که می‌گویم شما مشکلی ندارید.

کافی است خودتان را با مردمی مقایسه کنید که وضعشان از شما بدتر است. اگر به قبرستان بروید چه احساسی به شما دست می‌دهد؟ شاید فکر کنید که کسی که دست و پا ندارد نسبت به کسی که از دنیا رفته و دستش از این دنیا کوتاه است، مشکلی ندارد.

بله به خاطر همین ما هیچ مشکلی نداریم.

## شاه‌کلید یازدهم: از حل مشکلات به خود ببالید

به یاد داشته باشیم که مشکلات دوست ما هستند نه دشمن ما. آخرین شاه‌کلید مشکلات این است که صرفا به حل مشکلات نپردازید، بلکه از اینکه توانستید این مشکلات را حل کنید به خودتان ببالید، برای خود هدیه بگیرید، قربان‌صدقه خود بروید، ببینید این مشکلات چه دستاوردهایی برای شما داشته‌اند و چه الان به چه فردی تبدیل شدید. مشکلات باعث شده شما طرز فکرتان تغییر کند و تبدیل به فرد دیگری شوید. احساس غرور و خوشحالی دارید و اعتمادبه‌نفستان افزایش پیدا کرده است.

اکسیژن

## فصل هفتم:
## هر که طاووس خواهد جور هندوستان کشد

تصور کنید در جایی زندگی می‌کردیم که هیچ‌کس کاری به کارمان نداشت، صبح‌ها به‌جای اینکه ساعت هفت برویم مدرسه، ساعت ۹ می‌رفتیم و حتی اگر همان را دیر می‌کردیم خیلی با احترام ناظم مدرسه می‌گفت خوش آمدی پسرم برو سر کلاس و ما می‌گفتیم می‌شود برویم صبحانه‌ای میل کنیم تا بعد برویم و او هم می‌گفت بله چرا نمی‌شود، شما هر موقع راحت بودید تشریف ببرید سر کلاس و معلم دوباره برای شما درس را توضیح خواهد داد.

یا مثلا می‌رفتیم عابربانک و بدون کارت هر چقدر دلمان می‌خواست به ما پول می‌داد و هرکسی که در زندگی غرزن بهتری بود و به عبارتی خوش‌غرزن بود، مبلغ‌های زیادی را به او تعلق می‌دادند. آدم‌ها سر کار نمی‌رفتند و هرکجا می‌رفتیم همه در حال زدن بودند و کسی هم حق نداشت به غر کسی غر بزند والا جریمه می‌شد که چند روز حرف نزند. پدر و مادرها کاری به کار بچه‌هایشان نداشتند و بچه‌ها هر موقع که دوست داشتند می‌آمدند خانه و در مدرسه‌ها و دانشگاه‌ها از نمره خبری نبود و همه با نمره عالی قبول می‌شدند؛ چه کسی که درس خوانده و چه کسی که درس نخوانده و معلم می‌گفت هر موقع دلتان خواست تشریف بیارید کلاس و نیامدید هم نمره شما را خواهم داد.

آیا حاضرید در چنین دنیایی زندگی بکنید که هیچ تلاشی نمی‌خواهد و همه چیز فراهم است و ما اختیار داریم هرچه می‌خواهیم داشته باشیم بدون اینکه برایش زحمتی کشیده باشیم؟ شاید در نگاه اول جالب و جذاب باشد، اما اگر کمی فکر کنیم و خودمان را در آن تصور کنیم، می‌بینیم که خیلی هم خوشایند نیست و اتفاقا حال‌به‌هم‌زن است. اینکه ببینی هیچ رقابتی وجود ندارد و هرکس هر چقدر تلاش کند یکسان هستند و تفاوتی وجود ندارد،

انسان ناخودآگاه حالت تهوع می‌گیرد و حالش به هم می‌خورد که یعنی چه که منی که بیشتر از فلانی تلاش کردم، نتیجه کارمان یکسان باشد.
این همان دنیایی است که ما موقع غرزدن خواستارش هستیم، ولی نمی‌دانیم که این خود خود جهنم است. جهنم که شاخ و دم ندارد؛ همین که هیچ فرقی بین من و کسی که تلاشی نمی‌کند نباشد و همه به یک اندازه سهیم باشند، این از خود جهنم هم بدتر است.
غُرزدن یک رفتار غیرانسانی است؛ به این معنی که من وقتی غُر می‌زنم، یعنی دارم پیش یک فرد نادرست شکایت می‌کنم؛ مثلا من با همسرم دعوایم شده و به‌جای اینکه بروم با خود همسرم بنشینم حرف بزم تا مشکلم را حل کنم، می‌روم پیش دوستم و شروع می‌کنم به شکایت‌کردن از همسرم. اینجا من رفتارم غیرانسانی است؛ چون دارم پیش شخص نامربوط حرفم را بیان می‌کنم که هیچ کمکی نمی‌تواند بکند. این غرزدن در همه مسائل جامعه است. از زمین و زمان شاکی هستیم و به همه چیز و همه‌کس اعتراض داریم و این غرزدن باعث ازبین‌رفتن باورهای مثبت و جای‌گیری باورهای منفی می‌شود و در نتیجه باعث می‌شود ما هیچ اقدامی برای انجام‌دادن کارهایمان نکنیم و از اهدافی که برای خود مشخص کردیم دور بمانیم.
در این فصل قصد دارم چند راهکار که باعث می‌شود غرزدن را کمتر بکنیم یا کلا بگذاریمش کنار برای شما ارائه بدهم تا با ازبین‌بردن عادت بد غرزدن، دنیای خودمان و دیگران را تبدیل به یک جای بهتر و مفیدتری بکنیم.
اولین نکته‌ای که بسیار حائز اهمیت است و باید به آن خیلی توجه کرد، این است که کسی را نمی‌شود تغییر داد مگر اینکه خودش بخواهد. اگر همین نکته را خوب در زندگی‌مان به کار ببندیم، خیلی از تعارض‌ها و اختلافات

بین اطرافیان برطرف می‌شود. مسئله جایی است که ما می‌خواهیم با غرزدن طرف مقابلمان را تغییر بدهیم.

وقتی من از همسرم پیش دوستم گلایه و شکایت می‌کنم، یعنی در واقع می‌خواهم همسرم را تغییر بدهم، رفتار همسرم را تغییر بدهم که این کار شدنی نیست و باید شخص خودش بخواهد تغییر ایجاد کند در رفتار و سکناتش.

اما راهکارهایی برای کاهش و ازبین‌بردن عادت بد غرزدن:

## راه اول؛ تشخیص و پذیرش:

قبل از هر چیزی ما باید محیط و شرایطی را که در آن زندگی می‌کنیم، خوب بشناسیم تا بتوانیم راجع به آن صحبت کنیم و برای شناخت هم لازم است حواسمان را جمع کنیم و ببینیم شرایط من چیست؟ من بیشتر برای چه چیزی غر می‌زنم؟ مثلا من وقتی یکی خواسته‌ام را رد می‌کند، ناراحت می‌شوم و شروع می‌کنم به غرزدن که چرا مردم نمی‌فهمند و درک ندارند و از انسانیت بویی نبرده‌اند.

وقتی من این را تشخیص بدهم، مرحله بعدی پذیرش است؛ یعنی من بپذیرم این رفتار را دارم و بعد بپذیرم که قرار نیست مردم همیشه به خواسته‌های من جواب مثبت بدهند؛ چون من حق دارم درخواستی از کسی داشته باشم و طرف مقابلم هم حق دارد که جواب مثبت یا منفی بدهد. پس راه اول برای کاهش غرزدن این است که من تشخیص بدهم در چه مواردی غر می‌زنم بعد آن شرایط را آنالیز کنم و بپذیرم.

## راه دوم؛ تصمیم‌گیری:

همه انسان‌ها آزاد خلق شده‌اند و می‌توانند درباره رفتارهای خودشان تصمیم‌گیری بکنند. من الان تشخیص دادم که وقتی مردم درخواستم را رد می‌کنند، ناراحت می‌شوم و من شروع می‌کنم به غرزدن. الان تصمیم با من است که انتخاب کنم همچنان همان شخص غرزن باقی بمانم یا نه تصمیم بگیرم که حق بدهم به طرف مقابلم؛ چون هر انسانی حق دارد در مقابل خواسته هر فردی آره یا نه بگوید. اینجا من اگر دنبال آرامش هستم، تصمیم منطقی را که حق‌دادن به دیگران است، انتخاب می‌کنم یا نه باز همچنان می‌خواهم در جهنمی که برای خودم درست کردم، زندگی بکنم، غرزدن را انتخاب می‌کنم. تصمیم با خود ما است.

## راه سوم؛ تلاش:

بعد از اینکه دو مرحله قبلی را سپری کردیم، نوبت این است که شروع کنیم به تلاش‌کردن برای تغییر خودمان. می‌دانم که تغییرکردن بسیار سخت و دردناک است، اما اگر می‌خواهیم غرزن نباشیم و در جهنمی که برای خودمان ساختیم گیر نکنیم، باید تلاش کنیم رفتارهای قبلی خودمان را تغییر بدهیم.

وقتی من یک جواب نه می‌شنوم، به هم می‌ریزم و زمین و زمان را مقصر می‌دانم الان که به رفتارم آگاه شدم باید تلاش کنم آن فرد قبلی نباشم و لازمه‌اش این است که بروم مطالعه کنم، دانش کسب کنم و تلاش کنم به دنیای پیرامونم با دید متفاوتی نگاه کنم. یادمان باشد که بدون تلاش هیچ تغییری رخ نخواهد داد.

## راه چهارم؛ شکرگزاری:

شما پیرو هر دین و آیینی باشید، شکرگزاری یکی از ارکان اصلی آن است. ما باید برای همه داشته‌ها و نداشته‌هایمان از خدا ممنون باشیم. من و شمایی که الان اینجا هستیم، می‌توانستیم اینجا نباشیم و چند صد کیلومتر آن‌طرف‌تر به دنیا بیاییم و آن وقت طبیعتا سرنوشت ما این نبود. باید حواسمان باشد که به خاطر داشته‌هایمان مثل سلامتی، خانواده و هر امکاناتی که داریم، سپاسگزار باشیم؛ چون از قدیم گفتند «شکر نعمت نعمتت افزون کند/کفر نعمت، نعمت از کفت برون کند».

باید خیلی مراقب باشیم و نه‌تنها از خدا بلکه از خودمان از اطرافیانمان تشکر کنیم بابت بودنشان، بابت کارهایی که برای ما انجام می‌دهند. تا حالا چند بار از خودمان بابت کارهایی که انجام می‌دهیم، تشکر کردیم؟ یا از مادرمان که هر روز بدون منت غذای ما را آماده می‌کند؟ و از اعضای بدنمان که کارهای ما را می‌کنند.

همین الان برو جلو آینه و از خودت تشکر کن که انتخاب کردی برای رشد خودت این کتاب را بخوانی و یک ماچ مشتی هم از خودت بکن ببین چه حسی دارد.

## راه پنجم؛ تعلق‌نداشتن:

خیلی مهم است که ما خودمان را متعلق به این دنیا و آدم‌هایش ندانیم. وقتی تعلق داریم؛ یعنی وابسته هستیم و وابستگی هم آفت همه مشکلات است. تحقیقات نشان داده افرادی که افسرده هستند قبلش وابستگی بوده است.

تعلق‌نداشتن حس رهایی و آرامش خاص را به انسان هدیه می‌دهد که در هیچ جای دنیا با هیچ چیزی نمی‌شود پیدا کرد. حالا این وابستگی و حس

تعلق‌داشتن می‌تواند به یک انسان باشد یا می‌تواند به یک ملکی چیزی مثل خانه، ماشین، گوشی و... .

برای اینکه بتوانیم غرزن نباشیم، لازم است وابستگی و حس تعلق را در خودمان به حداقل برسانیم.

## راه ششم؛ تاب‌آوردن:

همه ما می‌دانیم که اساس این دنیا درد و رنج است. روان‌شناسان می‌گویند درد و رنج همیشگی هستند و ما باید یاد بگیریم که چطور با اینها کنار بیاییم. کنارآمدن به معنی تسلیم‌شدن نیست، بلکه به این معنی است که در راستای مشکلات و در کنارشان به زندگی خودمان ادامه بدهیم.

افرادی که منتظر هستند که همه شرایط عالی باشد تا کارشان، زندگی‌شان یا ازدواج‌شان را شروع کنند، سخت در اشتباه هستند؛ چون هیچ‌وقت شرایط ایدئال نمی‌شود.

اینجا با فهم این مطلب لازم است که ما کمی تاب‌آوری و تحمل‌مان را بیشتر کنیم. تاب‌آوردن در مقابل مشکلات ما را قوی‌تر می‌کند و باعث می‌شود غر کمتری بزنیم. افرادی که صبرشان کم است و شرایط را نمی‌توانند تحمل کنند، غر می‌زنند. ما که می‌خواهیم غرزن نباشیم باید تاب‌آوری و تحمل‌مان را افزایش بدهیم.

پس غرزدن یک رفتار غیرانسانی محسوب می‌شود و ما با غرزدن دنیا را برای خودمان و اطرافیانمان تبدیل به جهنم می‌کنیم و برای اینکه بتوانیم از این جهنم بیرون بیاییم، شش راهکار معرفی کردیم که با انجام‌دادن آنها می‌توانیم به مرور از غرزدن‌مان کم کنیم.

# فصل هشتم:
## ساختن روابط طلایی

خیلی از مراجعینم از من می‌پرسند چه کار بکنیم که در رابطه جذاب باشیم و وارد هر رابطه‌ای می‌شویم سریع جوش بخورد و یک رابطه عاطفی و رمانتیک عالی را تجربه بکنیم. اولین حرفی که به این دوستان می‌زنم، این است که بر چه اساسی می‌خواهی این اتفاق بیفتد؟ چرا می‌خواهی یکی بیاید و از تو خوشش بیاید و تو را خوشبخت بکند؟ می‌گوید خوب مگر این‌گونه نیست؟ مگر قرار نیست یکی بیاید و ما را خوشبخت بکند و جبران تمام نداشته‌های ما بشود؟

می‌گویم همین‌جا ترمز کن. چه کسی همچنین حرفی را زده که قرار است یکی بیاید با اسب سفید و آبی و قرمز و صورتی و ما را به آرزوهایمان برساند و جبران همه نداشته‌های ما بشود؟ چرا باید همچنین اتفاقی بیفتد، زمانی که ما نمی‌خواهیم خودمان را تغییر بدهیم؟

## ◈ مسئولیت صددرصدی

اولین اصل در جذابیت و پایداری یک رابطه خوب این است که ما مسئولیت صددرصدی رابطه را بر عهده بگیریم. مسئولیت حال بدی‌هایمان را بپذیریم. نمی‌گویم انتظار نداشته باشیم، اما دست روی دست نگذاریم که کسی از راه برسد و ما را خوشبخت بکند.

متأسفانه این طرز فکرها را صفحه‌ها یا کتاب‌های زردی به خورد مردم داده‌اند و هر روز دارند با احساسات مردم بازی می‌کنند. برای اینکه بتوانیم یک رابطه خوب، محکم و صمیمی داشته باشیم، اول باید خودمان را بشناسیم. وقتی من خودم را نشناختم چطور می‌توانم یک فرد دیگر را بشناسم؟ نیازهای طرف مقابلم را بشناسم؟ تا زمانی که من از درون ضعیف هستم و اعتمادبه‌نفس و عزت‌نفس کافی ندارم، چطور انتظار دارم وارد رابطه‌ای که می‌شوم خیلی جذاب و خوب عمل بکنم.

اول باید از درون خودمان را بسازیم. از درون قوی بشویم. بعد وارد رابطه شویم. ما دنبال رابطه بازنده-برنده هستیم؛ یعنی یکی بیاید مرا خوشبخت بکند و من برنده شوم، ولی طرف مقابلم چون من ضعیف هستم یک بازنده محسوب می‌شود. چرا باید یکی بیاید با منی که ضعیف هستم و هنوز خودم را باور ندارم، وارد رابطه شود؟ مگر مغز خر خورده است.

خیلی از ما وقتی صحبت از خودسازی و خودشناسی می‌شود، می‌گوییم حالا یک ماهی بده بخورم بعد وقت شد روی خودم هم کار می‌کنم. ولی تا زمانی که روی خودمان کار نکنیم و از درون خودمان را قوی نکنیم نباید وارد رابطه‌ای شویم.

## ◈ کمال‌گرایی

یکی دیگر از مواردی که در رابطه خیلی مهم است، بحث کمال‌گرایی ماست. در رابطه همه چیز را می‌خواهیم با یک استانداردهایی که ضررش خیلی بیشتر از منفعتش است. کمال‌گرایی پدر رابطه را درمی‌آورد؛ چون همه چیز را در حد اعلا می‌خواهیم؛ مثلا در ذهنمان یک رابطه عاشقانه این‌گونه تعریف شده که باید همسر یا نامزدم برایم ۲۰ شاخه گل رز بخرد و اگر پنج شاخه بخرد دیگر حالم بد می‌شود و نامزد یا شوهرم آدم خوبی نیست و مرا درک نمی‌کند.

خب هر عقل سلیمی این را می‌گوید که این‌گونه باشد به کمال‌گرایی دچار هستیم، ولی اگر کمی توقع خودمان را پایین بیاوریم و بایدونبایدهای رابطه را کم بکنیم، فرداروزی اگر همسرمان برایمان شش شاخه گل بخرد سورپرایز می‌شویم.

در رابطه باید خوش‌انرژی و خوش‌خنده بود. گاهی لازم است بدون دلیل ذوق کنیم، راضی باشیم و از انتظاراتمان کم کنیم تا خوشی و شادی

واقعی را تجربه بکنیم. چه کسی دوست ندارد با کسی که اعتمادبه‌نفس و عزت‌نفس دارد، وارد رابطه نشود؟ همه دوست دارند این کار را بکنند. مثل یک گل و عطر خوشبویی که از خودش بوی خوش ساطع می‌کند و همه خوششان می‌آید، یک فرد با اعتمادبه‌نفس هم از خودش انرژی خوب و اعتمادبه‌نفس به دوروبرش پخش می‌کند.

البته این را اضافه کنم که منظور ما اینجا از اینکه راضی باشیم این نیست که همسر یا نامزدمان هر چی گفت، بگوییم چشم و راضی باشیم، بلکه منظور این است که استانداردهایی که برای خودمان و رابطه‌مان در نظر گرفتیم، ضررش بیشتر از منفعتش نباشد و باعث نشود از لحظات زندگی لذت نبریم و هر رابطه‌ای فرق دارد؛ چون شرایط و نوع صمیمیت و نحوه ارتباط کاملا متفاوت است.

## ❖ پذیرش خود

از مواردی که باعث می‌شود ما رابطه خوبی را تجربه بکنیم، پذیرش خودمان است. چند درصد ما خودمان را همان‌گونه که هستیم پذیرفتیم؟ وقتی من خودم را نپذیرفتم و مدام از خودم ناراضی هستم، آیا می‌توانم در رابطه دوست‌داشتنی و خواستنی باشم؟ مسلما نمی‌شود؛ چون من به خودم حس منفی دارم و همیشه روی نقاط ضعفم متمرکز می‌شوم و از خودم بدم می‌آید.

مثلا قدم کوتاه است و همیشه این را برای خودم پیراهن عثمان می‌کنم و مدام روی این تمرکز دارم که من دوست‌داشتنی نیستم چون قدم ۱۵۰ هست (من قدم ۱۵۰ نیست‌ها برای مثال می‌گویم). وقتی من خودم را با این قد و هیکلم دوست ندارم، خب چطور انتظار دارم بقیه مرا دوست داشته باشند.

قبل از اینکه بخواهیم وارد یک رابطه‌ای بشویم، حتما خودمان را کامل بپذیریم. نقاط ضعف خود را بنویسیم و در کنارش نقاط قوت خودمان را هم بدانیم و روی نقاط قوت متمرکز شویم و خودمان را با هر شرایطی که داریم، بپذیریم. بپذیریم من پدرم دکتر نیست، مادرم معلم نیست، فرهنگی نیست و خودم بچه پایین‌شهرم؛ اما با وجود همه اینها دوست‌داشتنی هستم، چون انسانم و ارزشمندم.

انسانی که نسبت به خودش حس منفی دارد و خودش را نپذیرفته، ناخودآگاه این فکر باعث رفتار می‌شود و وقتی من رفتارم با خودم منفی باشد به آدم‌ها این پیام را منتقل می‌کنم که من ارزش ندارم با من بد رفتار کنید.

در چنین مواقعی به مراجعینم می‌گویم با خودت طوری رفتار کن که دوست داری مردم یا پارتنرت با تو رفتار کنند. اگر دوست داری همسرت با تو عاشقانه برخورد کند، اول آن عشق را نثار خودت بکن یا اگر می‌خواهی بیشتر محبت ببینی، اول با خودت با محبت رفتار کن. در واقع آن چیزهایی را که در رابطه نداری یا حتی در زندگی‌ات اول به خودت نثار کن بعد در زندگی‌ات پیدا می‌شود.

یادم هست دکتر مریم آقایی در یکی از لایوهایی که گذاشته بودند، حرف جالبی زدند. گفتند اگر در زندگی‌تان چیزی را ندارید، معنی‌اش این است که هنوز اندازه‌اش نشده‌اید. اول اندازه عشق باشید تا عشق وارد زندگی‌تان شود، اول اندازه ثروت بیشتر باشید تا پول بیشتری وارد کسب‌وکار و زندگی‌تان شود.

ما جز خودمان انتخاب دیگری نداریم و جز خودمان کسی را نداریم که انتخاب کنیم. من ممکن است دوستم را بخواهم عوض کنم یا با آن قطع رابطه بکنم، اما با خودم هم می‌توانم همچنین کاری بکنم؟ طبیعتا نمی‌شود.

پس چه انتخابی بهتر از خودم که خودم هوای خودم را داشته باشم و با خودم مثل یک رفیق و دوست صمیمی باشم و وقتی یک خطایی از من سر زد، سریع شروع نکنم خودم را بی‌عرضه دانستن و نالایق بودن. بلکه با خودم مهربان باشم و بگویم امیرعلی جان درسته اینجا اشتباه کردی و اشتباه‌کردن برای انسان است و ماهیت انسان طوری است که خطا می‌کند، قربان شکلت بروم هیچ ایرادی ندارد دفعه بعد جبران می‌کنی. این برخورد باعث می‌شود من به صورت غیرمستقیم به دیگران هم این پیام را بدهم که من ارزشمند هستم پس با من محترمانه رفتار کنید.

امروز داشتم برای اینستاگرامم ویدئوی آموزشی ضبط می‌کردم، یک نکته کلیدی و به‌اصطلاح کنکوری را گفتم که دوست دارم اینجا برای شما هم بنویسم؛ آن‌هم اینکه در روابطمان چیزی که خیلی از ما اشتباه می‌کنیم، اعتماد صددرصدی است. همه چیزمان را پای طرف می‌ریزیم و بعد که خیانت می‌کند، زمین و زمان را مقصر می‌دانیم.

از نظر علمی ما اعتماد صددرصد نداریم، بلکه اعتماد اندازه و بهینه داریم. باید در روابطمان به اندازه عشق بدهیم، به اندازه محبت کنیم و به اندازه اعتماد کنیم.

برای اینکه بحث اعتماد خوب جا بیفتد، فرض کنید دو خودکار دارید و وقتی دو خودکار را به طرف مقابل می‌دهید، فرداروزی اگر خودکار لازم داشته باشید و طرف به هر دلیلی به شما خودکار ندهد، شما چه حسی دارید؟ پس بهتر است یک خودکار بدهیم و یکی را برای خودمان نگه داریم که فردا اگر به ما خودکار نداد، خیلی ناراحت نمی‌شویم.

اینجا شاید برایتان سؤال پیش بیاید که آیا با شک و تردید زندگی بکنیم؟ اصلا و ابدا منظور ما این نیست. زندگی‌ای که با شک و تردید پیش برود،

زندگی نیست جهنم است، بلکه منظور ما این است که همه چیز به اندازه باشد. همه ما انسان هستیم و ممکن است روزی خطا کنیم و به اعتماد طرف مقابلمان خیانت کنیم؛ پس عاقل کسی است که هیجانی رفتار نکند و متعادل‌بودن را رعایت کند.

نکته دیگری که اینجا دوست دارم به آن اشاره کنم، بحث بت‌نساختن از آدم‌هاست. ما متأسفانه به خاطر جامعه مصرف‌گرایی‌بودنمان یاد گرفتیم از آدم‌ها بت بسازیم و آدم‌ها را آنقدر بزرگ می‌کنیم که فردا وقتی اشتباهی از آنها سر می‌زند، کل زندگی ما از بین می‌رود و فکر می‌کنیم که کل دارو‌ندارمان را از دست داده‌ایم. پس لطفا از آدم‌ها بت نسازیم و مثل بت با آنها رفتار نکنیم. یادمان باشد که همیشه و در همه حال ماهیت انسان‌بودن خودمان و دیگران را بپذیریم و گاهی برای خودمان این مقوله را یادآوری کنیم که انسان‌بودن مساوی است با خطا و اشتباه.

## ◆ چطور رابطه‌ام را ترمیم کنم؟

روابط انسان یکی از کلیدی‌ترین مسائلی است که باید به آن توجه ویژه‌ای داشته باشد تا بتواند شادتر و با آرامش بیشتری زندگی بکند. انسان یک موجود کاملا اجتماعی خلق شده و نیازهایی دارد که اگر در اثر رابطه با دیگران پاسخ داده نشود، باعث سرخوردگی و افسردگی و گاهی هم باعث مسائل دردناکی مثل قتل و اعتیاد می‌شود.

رابطه‌ای که با دیگران داریم تا حدودی مشخص‌کننده شخصیت و منش ماست و اگر نتوانیم مهارت‌های درست ارتباط برقرارکردن را یاد بگیریم و به کار ببندیم، در جامعه مورد توجه قرار نخواهیم گرفت و تبدیل به یک فرد افسرده خواهیم شد.

در عصری که زندگی می‌کنیم روابط اجتماعی بیش از پیش اهمیت پیدا

کرده و هر چقدر روی مهارت‌های خودمان پافشاری کنیم و آنها را تقویت و بهبود بدهیم، به همان مقدار هم در جامعه موفق‌تر هستیم.

آرش یک جوان بااستعداد در موسیقی است و از بچگی علاقه خاصی به ساز ویولن داشته و پدر و مادرش هم در حقش لطف کردند و گذاشتند رفت کلاس‌های آموزشی، اما آرش به‌شدت خجالتی است و نمی‌تواند ارتباط برقرار کند و خودش را بروز بدهد که من هم ساز بلدم و می‌توانم بنوازم.

ادامه داستان را از زبان مربی آرش آقای دادگر بشنویم: «آرش جزء هنرجوهای خوب و باهوش من هست و من همیشه بهش افتخار کرده‌ام، اما آرش یک مشکل بسیار حیاتی دارد و چندین بار هم بهش تذکر داده‌ام و آن هم خجالتی‌بودنش است. وقتی می‌خواهیم برای مسابقه‌ای تیم انتخاب کنیم، آرش جزء اولین گزینه‌های من است، اما از بس خجالتی است وقتی جمعیت می‌بیند خودش را گم می‌کند و به همین خاطر ما آرش را برای مسابقات و مراسم دعوت نمی‌کنیم.»

دیدید این یکی از تبعات نداشتن مهارت‌های ارتباطی است که باید همه ما یاد بگیریم. آیا کسی می‌تواند بگوید آرش چون مهارت دارد و می‌تواند ساز بنوازد، انسان شاد و خوشبختی است؟ طبیعتا نه؛ چون او در درون خودش احساس بدی نسبت به خودش دارد، خودش را باور نکرده و دنبال یادگرفتن مهارت‌های ارتباطی نرفته، دنبال این نرفته که چطور بتواند به خجالتی‌بودنش غلبه کند.

به نظرتان اگر آرش با این استعداد و توانایی اگر خجالتی نبود الان کجا بود؟ احتمال اینکه الان جزء یکی از بهترین نوازنده‌های شهر خودش حتی کشورمان بود زیاد بود و برای خودش شخصی شده بود.

این یک نمونه بارز از ضرورت داشتن و یادگرفتن مهارت‌های ارتباطی است که باید همه ما به دنبالش برویم و یاد بگیریم.

یکی دیگر از مواردی که بایستی در روابطمان مراقبش باشیم، افرادی هستند که با آنها در ارتباط هستیم. از قدیم گفتن «تو اول بگو با کیا دوستی/ تا بگویم تو کیستی» این یک اصل است که اطرافیان ما در معرفی شخصیت ما خیلی تأثیر دارند.

«شما در هیچ چیزی از پنج نفر اول اطرافیانتان بالاتر نخواهید رفت، نه در موفقیت، نه در ثروت، نه در اعتقادات و نه درهیچ چیز دیگری» (جیم ران)

در رابطه با دیگران حتما مراقب این دو گروه باشید؛ گروه اول کسانی که شما را بدبخت‌ترین انسان روی زمین معرفی می‌کنند و می‌گویند شما هیچ کاری نمی‌توانید انجام بدهید یا از آن مهم‌تر می‌گویند اینجا یعنی ایران بدترین جایی است که ما زندگی می‌کنیم و گروه دوم افرادی که می‌گویند شما صددرصد به هر چیزی که بخواهید می‌توانید برسید؛ درحالی‌که اصلا این‌طور نیست چون همه ما انسان هستیم، داری یک‌سری نقاط قوت و ضعف. ما نه آن بدبخت هستیم و نه این سوپرمن که هر چیزی که بخواهد می‌شود، بلکه ما بین این دو هستیم و باید این را پذیرفت و مراقب این افراد هم بود.

حالا این افراد همیشه فیزیکی نیستند و ممکن است در قالب یک کتاب یا صفحه‌های اجتماعی باشند و در قالب یک رسانه فعالیت بکنند. انسان‌هایی که معقول فکر می‌کنند و نقاط قوت و ضعف خودشان را با هم می‌بینند، زودتر به مقصد می‌رسند و حالشان هم بهتر است؛ اما کسی

که خودش را علامه دهر می‌داند و فکر می‌کند قدرت فوق‌بشری دارد و می‌تواند به هر چیزی که اراده کرد دست پیدا کند یا از آن طرف خودش را بدبخت و دست‌وپاچلفتی می‌داند، همیشه حالش بد است و شادی واقعی و پایدار را تجربه نخواهد کرد.

برای اینکه بتوانیم در دنیای امروزی موفق شویم و کارهای مهمی را به سرانجام برسانیم، چه در حوزه فردی و چه در حوزه گروهی، نیازمند روابطی هستیم که سرشار از ماندگاری و پویایی باشد و این نیازمند دانستن سرمایه‌های روابط است که باید از آنها مراقبت و برای بهبودش تلاش کنیم.

## ◈ سرمایه‌گذاری عاطفی

در اینجا شش سرمایه عاطفی را با هم بررسی خواهیم کرد و من تعبیر بانکی را استفاده کردم به خاطر اینکه ما هر قدم و رفتار کوچکی که در روابطمان با دیگران انجام می‌دهیم، به‌مثابه پس‌اندازکردن یا برداشتن از حساب بانکی‌مان است؛ با این تفاوت که این حساب بانکی مالی نیست، بلکه عاطفی است و به‌مراتب حساس‌تر و مهم‌تر که مراقبت و دانش و آگاهی مضاعفی را می‌طلبد.

# درک دیگران

تلاش برای درک دیگران شاید اولین و مهم‌ترین سرمایه‌ای باشد که برای بازگشایی سرمایه‌های دیگر لازم داشته باشیم. اهمیت درک دیگران برای کسی پوشیده نیست که چقدر می‌تواند تأثیرگذار و کلیدی باشد؛ چون همه ما انسان‌ها با ادراک‌های متفاوت و گاهی متضاد هم به دنیای بیرونی و رویدادهای آن نگاه می‌کنیم و اگر در حساب عاطفی‌مان درک دیگران را لحاظ نکنیم و فقط به خواسته‌های خود توجه داشته و دنیا را از دید خود

نگاه کنیم، بعید می‌دانم اتفاق خوب و خوشایندی بیفتد. برای درک دیگران لازم است نیازها و ارزش‌های طرف مقابلمان را بشناسیم و خودمان را جای فرد بگذاریم و شنونده خوبی برایش باشیم و با دقت حرف‌هایش را بشنویم و بعد پاسخ بدهیم.

## توجه به جزئیات

شاید باورتان نشود اما به‌قدری محبت‌های ساده و کوچک و گاهی پیش‌پاافتاده در پرکردن سرمایه عاطفی‌مان مهم هستند که حد ندارند. برای اینکه عشق و علاقه خودمان را به دیگران اثبات کنیم، نیاز نیست کارهای خیلی شاخ و شق‌القمری انجام بدهیم، بلکه لازم است با یک گل یا هدیه خیلی کوچک، حتی یک پیامک حاوی تعریف و حُسن‌جویی و احوالپرسی ساده، حال طرفمان را خوب کنیم. خیلی وقت‌ها تعارض‌هایی که بین زن و شوهر یا دو تا همکار یا بین کارفرما و کارمند به وجود می‌آید از دریغ‌کردن همین محبت‌های ساده و به‌ظاهر بی‌اهمیت می‌آید و وقتی کار از کار گذشت به فکر می‌افتیم که ای‌کاش فلان روز فلان کار کوچک را در حق همسرم، همکارم یا دوستم انجام می‌دادم. الان که هنوز دیر نشده است، لطفا دست به کار شوید و یک لیست از کارهای خیلی خیلی ساده برای ابراز محبت به شریک عاطفی‌تان یا مدیر و همکارتان را بنویسید و شروع کنید به اجرائی‌کردنش و معجزه همین توجه به جزئیات را در بهبود روابطتان مشاهده کنید.

یادمان باشد در رابطه با انسان‌های دیگر چیزهای کوچک نقش‌های بزرگی ایفا می‌کنند.

## پایبندی به تعهدات

به قول‌وقرارها و عهدهایی که می‌بندید حتما پایبند باشید؛ چون انسان‌ها به قول‌هایی که به آنها می‌دهید، دل می‌بندند و انتظار دارند از شما وفاداری ببینند. پایبندی به تعهدات یکی از سرمایه‌های اصلی و مهم شما در بانک عاطفی‌تان است و باید از آن مراقبت شدید انجام دهید. بیشتری ابهامات و انتظارات بیهوده‌ای که بین افراد به وجود می‌آید، از عدم تعهد به قول‌وقرارها است و این بی‌وفایی و بدعهدی‌کردن هزینه‌های هنگفتی را به ما و بانک عاطفی‌مان و شرکت‌مان وارد می‌کند که جبران‌کردنش خیلی مشکل است. انسان موجودی است احساسی و عاطفی و سریع دل می‌بندد به حرف‌هایی که به آنها می‌زنید و قول‌هایی که می‌دهید؛ پس حواسمان باشد سرمایه مهم زندگی‌مان را به یک بدقولی و بی‌وفایی از دست ندهیم.

## ابراز بزرگواری

رفتار درست و شایسته باعث به‌وجودآمدن اعتماد می‌شود و اساس سرمایه‌های دیگر را تشکیل می‌دهد. بزرگواری شامل صداقت، درستی و حتی بالاتر از آن هم می‌شود. وقتی ما با رفتارهای نادرست‌مان از سرمایه عاطفی‌مان کم می‌کنیم، بایستی جبران کنیم و این جبران می‌تواند با یک عذرخواهی یا گرفتن یک هدیه کوچک باشد و این کار باید از صمیم قلب و خالصانه باشد.

## روش برنده

این روش مبتنی بر رقابت است و بحث قدرت و ضعف و برنده و بازنده مطرح است که اصولا این تفکر نادرست است. بیش از آنکه بر مبنای اصول

باشد، بر مبنای قدرت و موقعیت استوار است. این روش برای تقویت روابط بین فردی اصلا مؤثر و مفید نیست و تعارضات را بیشتر می‌کند و باعث به‌وجودآمدن کینه و دلخوری می‌شود و به‌شدت از حساب عاطفی بانکی‌تان کسر می‌کند که ممکن است ضررهای جبران‌ناپذیری بزند و برای همیشه روابطتان به مخاطره بیفتد.

## برنده-برنده

در مقابل روش برنده روش برنده-برنده وجود دارد؛ یعنی همیشه به راه‌حل سومی باور دارد. این راه من و شما نیست، بلکه راه افراد موفق است که توانایی همبستگی دارند و این روش بهتر و برتری است.
در روش برنده-برنده، همدلی و همراهی زیادی وجود دارد. منافع دو طرف مطرح است و موفق‌شدن یکی یا گروهی باعث ازبین‌رفتن کسی دیگر نمی‌شود و همه با هم همراه و همکار هستند و مشکل این مشکل آن هم محسوب می‌شود و برای رفع آن دور هم جمع می‌شوند و راهکار ارائه می‌دهند.
از قدیم گفتند چیزی که برای خودت نمی‌پسندی برای دیگران هم نپسند؛ مثال خوبی می‌تواند برای این روش باشد که باید به فکر منفعت جمعی بود؛ من ببرم تو هم ببری نه که من موفق شوم ولی به قیمت شکست تو.
انسان موجودی اجتماعی است و دوست دارد در گروه‌ها شرکت کند و همکاری کرده و مورد تحسین قرار بگیرد و برای اینکه ما بتوانیم دیگران را بفهمیم و درکشان کنیم، باید گوش شنوای خوبی داشته باشیم.
بهترین روشی که می‌تواند ما را در رسیدن به منافع مشترک یاری کند، اشتراک مساعی است. به این معنی که کل بهتر از جزء است. اساس

همکاری در ارزش‌نهادن به تفاوت‌هاست. این‌گونه گروه احساس امنیت درونی می‌کند.

برای درک عمیق‌تر کار گروهی و روش برنده-برنده، چهار بُعد انسان را مختصر مرور می‌کنم که بهتر بتوانیم به ارزش و اهمیت این روش پی ببریم. انسان را اساسا به چهار بعد تقسیم می‌کنند که هر بعد نیازهای خودش را دارد؛ جسمی، ذهنی، معنوی و اجتماعی-عاطفی.

بعد جسمانی انسان نیاز به ورزش دارد و تغذیه سالم و کنترل تنش‌ها و استرس‌هایی که از درون خودش یا از محیط بهش وارد می‌شود.

بعد ذهنی نیاز به خواندن و نوشتن و برنامه‌ریزی‌کردن و مجسم‌کردن و خیال‌کردن رؤیاهایش دارد و بعد معنوی انسان که از اهمیت ویژه‌ای برخوردار است، نیاز به روشنگری، ارزش‌ها، تعهد و مطالعه و تحقیق و مراقبه دارد. مراقبه یعنی به درون خویش رفتن و با کودک درون خود صحبت‌کردن و احساس ارزشمندی کردن.

بُعد آخر که بعد اجتماعی-عاطفی نام دارد، نیازمند خدمت‌رسانی به دیگران، همدلی و مشارکت و امنیت درونی دارد تا بتواند رشد کند.

برای داشتن یک حساب عاطفی بانکی باید این شش سرمایه را غنیمت بدانیم و درصدد گسترش و بسط آن بربیاییم تا بتوانیم در کنار موفقیت‌های فردی، روابط خود را که برای رسیدن به اهداف بالاتر بهش نیازمندیم تقویت کنیم.

## ما مالک کسی نیستیم

انسان‌ها دوست دارند هر چیزی که دارند، اعم از ماشین، خانه، همسر، فرزند و... مال خود بدانند و خودشان را مالک آنها؛ درحالی‌که مالکیت یک

مفهوم واقعی نیست، یعنی در واقعیت وجود ندارد، بلکه یک مفهوم کاملا ذهنی است.

یکی از دلایل بسیار مهم و کلیدی نداشتن آرامش در زندگی و شادنبودنمان همین احساس مالکیت‌داشتن است. فردی به عنوان همسر یا رفیق وارد زندگی ما می‌شود و به‌محض اینکه رفتاری می‌بینیم که دوست نداریم، درصدد این برمی‌آییم که آن شخص را تغییر بدهیم و تمامی دردسرها و دلخوری‌ها شروع می‌شود.

همه انسان‌ها برای خودشان قلمرویی دارند و ما حق نداریم پا روی حیطه و قلمرو آنها بگذاریم. چرا فکر می‌کنیم همسرم باید دقیقا همان شخصی باشد که من می‌خواهم؟ چرا دنبال تغییردادن آدم‌های دوروبرمان هستیم؟ چرا ماهیت و حریم شخصی افراد را باور نداریم و به آنها احترام نمی‌گذاریم؟ رفیقی داشتم که چند ماهی می‌شد ازدواج کرده بودند و تا جایی که می‌دانستم خیلی به همدیگر علاقه داشتند و کشته‌مرده هم بودند و منم چون درگیر برگزاری کلاس‌های آموزشی‌ام بودم، فرصت نشده بود برای تبریک به خدمتشان بروم. یک روز برنامه‌هایم را ردیف کردم و به رفیقم زنگ زدم که اگر خانه هستند بروم برای تبریک و دیداری تازه کنیم. با کمال ناباوری گفت که امیرعلی دوهفته‌ای می‌شود که طلاق گرفتیم. من همین‌جور شوکه شده بودم و شاید ۲۰ ثانیه‌ای نتوانستم حرف بزنم و رفیقم فکر کرد چیزی شده مدام می‌گفت امیرعلی چی شدی، الو، الو امیرعلی... گفتم می‌شنوم سجاد. گفت چی شدی پس. گفتم واقعیت را بخواهی، فکر نمی‌کردم این‌طوری شود؛ شما که زندگی‌تان را با عشق شروع کرده بودید، شما دیگر چرا؟ گفت داستانش مفصل است می‌گویم.

قرار گذاشتیم عصر همدیگر را در یکی از کافی‌شاپ‌های شهرمان دیدیم.

گفت تا قبل عروسی همه چیز خوب بود و همان‌طور که خودت هم می‌دانستی ما عاشق هم بودیم و جانمان را برای هم می‌دادیم، اما وقتی عروسی کردیم و زیر یک سقف رفتیم، همسرم تغییر رفتار داد و کارهایی می‌کرد که اصلا باورم نمی‌شد و من هم عصبانی می‌شدم و با هم دعوا می‌کردیم. همین‌طوری کمی صحبت کرد، بهش گفتم سجاد جان می‌دانی چرا این اتفاق افتاده؟ گفت معلوم است دیگر، او عوض شده بود و من نمی‌شناختمش واقعا. گفتم نه تو چون خیلی دوستش داشتی، نسبت بهش احساس مالکیت می‌کردی و فکر می‌کردی مال خودت است و می‌توانی هر طور که بخواهی تغییرش بدهی. گفت مگه مالکش نبودم، خب صاحبش بودم دیگر و ایشان باید هر چیزی که می‌گفتم انجام می‌داد و هر طور که من می‌خواستم رفتار می‌کرد.

خیلی با هم صحبت کردیم و قانع شد که همین احساس مالکیت‌داشتن باعث شده الان اینجا با دلی پر از غم و اندوه و با کوله‌باری از خاطرات روبه‌روی من بنشیند و غمبرک بزند.

انسان‌ها از اینکه احساس کنند مال کسی هستند، حس خفگی به آنها دست می‌دهد و هر انسانی آزاد خلق شده و هر جا احساس کند این آزادی به خطر افتاده، تلاش می‌کند فرار کند و این بلا سر رفیق من سجاد و همسرش آمد.

بهترین راه برای مقابله با این احساس این است که اولا بدانیم مالکیت مفهومی است کاملا ذهنی و دوم اینکه ما به چیزی که داریم توجه کنیم که الان این شخص یا شیء در اختیار من است تا من مدتی سفر زندگی را با آن تجربه کنم همین. این حس تجربه‌کردن به ما کمک می‌کند حس مالکیت نداشته باشیم و از چیزی که داریم بهترین لذت را ببریم و زندگی‌مان را پر

از لحظات آرامش و شادی کنیم.

خیلی حس خوبی دارد که انسان با این دید به دنیا نگاه کند که مالک هیچ چیزی نیست. اگر الان این ماشین، خانه، همسر یا هر امکاناتی که دارم مدتی در اختیار من گذاشته شده تا تجربه بکنم و از زمان حال لذت ببرم و روزی قرار است از دستم برود، خیلی حس آرامش و رهایی خواهیم کرد.

اکسیژن

## فصل نهم: با یک تیر دو نشان بزن

انسانی که هدف دارد، می‌داند از زندگی چه می‌خواهد و برای آینده خودش برنامه دارد. معمولاً افرادی که هدفمند هستند از سلامت جسمانی بالاتری برخوردار هستند و احتمال اینکه موفق بشوند خیلی زیاد است. از طرفی افراد هدفمند حرف مردم برایشان معنی ندارد و تعطیل می‌شود، چون می‌داند که برای چه چیزی دارد تلاش می‌کند و برای چه چیزی زنده است و در نتیجه رضایتش از زندگی بیشتر می‌شود.

اما وقتی هدف نداریم چند تا دلیل می‌تواند داشته باشد:

۱- بلد نیستیم هدف‌گذاری کنیم؛ معمولاً بلد نیستیم هدف‌گذاری کنیم. یا هدف تعیین نمی‌کنیم یا هدف‌هایمان غیرواقعی هستند و مطابق با شرایط و واقعیت نیست؛ بنابراین باید هدف‌گذاری درست را بلد باشیم که در ادامه این فصل به این مقوله خواهیم پرداخت.

۲- فکرمی کنیم هدف‌گذاری مهم نیست؛ ما فکر می‌کنیم هدف‌گذاری مهم نیست و خیلی‌ها این‌گونه توجیه می‌کنند که من همه اهدافم را در ذهنم دارم و می‌دانم دنبال چی هستم؛ درحالی‌که اصلا این‌طور نیست و این نکته را مدنظر قرار بدهیم که هدف‌گذاری خیلی مهم و کلیدی است و قطب‌نمای زندگی ماست.

۳- قبلاً شکست خوردیم؛ یکی دیگر از دلایل نداشتن هدف این است که قبلاً هدف‌گذاری کردیم و چون شکست خوردیم فکر می‌کنیم هدف‌گذاری جواب نمی‌دهد و مانع پیشرفت است.

٤- ترس از شکست داریم؛ یا بعضی از ما ترس از شکست داریم. می‌دانیم که اگر هدف‌گذاری کنیم باید برنامه‌ریزی داشته باشیم و تلاش کنیم و به سمتش حرکت کنیم و با خود می‌گوییم اگر شکست خوردم چی؟ اگر موفق نشدم چی؟ پس بی‌خیال هدف‌گذاری می‌شوند. در واقع راحت‌ترین

راه برای فرار از زیر بار مسئولیت.

۵- در کنترل ما نیست؛ بعض‌ها هم این‌گونه توجیه می‌کنند که ما هدف مشخص کردیم و برنامه هم برایش ریختیم، اما اتفاقی که اصلا فکرش را نمی‌کردیم افتاد و من دیگر بی‌خیال هدف‌گذاری شدم، چون به دردم نمی‌خورد وقتی در کنترل من نیست.

اینها چند بهانه است که افراد برای نداشتن هدف دارند؛ اما واقعیت این است که همه اینها فقط توجیه است و ممکن است همه گفته‌ها درست باشد، اما این دلیل نمی‌شود که ما هدف نداشته باشیم؛ چون در اول فصل گفتیم که هدف‌گذاری باعث می‌شود رضایت از زندگی‌مان بیشتر شود و احتمال اینکه موفق شویم خیلی زیاد است.

مثلا فرض کنید می‌خواهیم برویم تهران ولی هدف نداریم که برای چه چیزی می‌خواهیم برویم و با چه وسیله‌ای؛ بنابراین ممکن است ۱۰ روز در راه باشیم؛ چون هم مسیر را بلد نیستیم و هم اینکه اصل هدف ما مشخص نیست؛ اما کسی که بداند برای چه چیزی می‌رود تهران مثلا برای مصاحبه یک شغلی که سال‌ها بود انتظار می‌کشید و الان این موقعیت برایش پیش آمده، خب طبیعی است که این فرد هم وسیله رفتنش را درست انتخاب می‌کند و هم می‌داند که برای چه چیزی می‌رود و به همین خاطر در مسیر وقتش را الکی هدر نمی‌دهد.

افرادی که ترس از هدف‌گذاری دارند، می‌گویند آقای محمدزاده اگر در راه اتفاقی افتاد و این آقا یا خانم زمان مصاحبه را از دست داد چی؟ می‌گوییم بله کاملا فرمایش شما درست است، چون ما نمی‌دانیم در آینده چه اتفاقی می‌افتد و مسیر موفقیت پر از موانع و سرندیپیتی است. اگر این فرد مثل فرد اول ما هدف را مشخص نمی‌کرد و در راه هیچ اتفاقی هم نمی‌افتاد

چی؟ نتیجه دست ما نیست ما فقط مأمور به انجام کاری هستیم که مشخص کردیم.

## ٤ گام از هدف‌گذاری تا موفقیت

در این بخش طبق مقدمه‌ای که برای شما عزیزان گفتم، می‌خواهم چهار گام رسیدن به موفقیت را توضیح بدهم که چگونه هدف‌گذاری کنیم تا بیشترین بهره را ببریم.

لازم به ذکر است که یک روش هدف‌گذاری که خیلی هم معروف است، روش اسمارت (smart) یا همان هوشمند است. این روش از پنج مؤلفه تشکیل شده است.

- Specific، مشخص
- Measurable قابل اندازه‌گیری
- Achievable دست‌یافتنی
- Relevant مرتبط
- Based Time زمان‌بندی‌شده

اگر به گزاره‌های این روش دقت کنید، می‌بینند که داری یک منطق و سخت‌گیری خاص است و هیچ انعطاف و احساسی در آن دیده نمی‌شود. دلیل اینکه این روش هدف‌گذاری جواب نمی‌دهد، این است که این روش کاملا منطقی است؛ درحالی‌که انسان کاملا غیرمنطقی است. پس باید روشی را انتخاب کنیم که احساسات انسان هم در آن لحاظ شده باشد.

و اما چهار گامی که می‌خواهم به شما عزیزان معرفی کنم تا با خیال راحت هدف‌گذاری کنید و از مسیری که مشخص کردید لذت کافی را ببرید.

این چهار گام عبارت‌اند از؛ ایده‌پردازی، اولویت‌بندی، آزمایش و اقدام.

### ◈ ایده‌پردازی

اولین قدم برای هدف‌گذاری، ایده‌پردازی است که ما اصلا دنبال چه چیزی هستیم و از زندگی چه می‌خواهیم. برای ایده‌پردازی اول باید بارش فکری داشته باشیم و شرایط بارش فکری هم داشتن تمرکز کامل، کاغذ و خودکار، زمان‌سنج، نوشتن همه چیز بدون قضاوت و خودسانسوری‌کردن است. در این مرحله کمیت و تعداد مهم است و ما هر چقدر ایده‌هایمان بیشتر باشد، بهتر است. همان‌طور که گفتم نباید در این مرحله خودسانسوری و قضاوت اتفاق بیفتد که من این را می‌توانم، نمی‌توانم یا شرایط اینها را دارم، اینها را ندارم و از این قبیل خودسانسوری‌ها.

برای داشتن بارش فکری چند تا سؤال مطرح می‌کنیم که به ما ایده می‌دهد.

### ◈ سؤال‌های خوب برای ایده‌های هدف:

- ✓ اگر یک غول چراغ جادو داشتم...
- ✓ اگر می‌دانستم که شکست نمی‌خورم...
- ✓ اگر ۱۰ میلیارد پول داشتم...
- ✓ اگر فقط شش ماه زنده بودم...
- ✓ اگر الان ۱۰ سال بعد بود...
- ✓ اگر در مجلس ترحیم خودم بودم، دوست داشتم مردم درباره من چه بگویند...

اینها سؤالاتی هستند که به ما در ایده‌پردازی خیلی کمک می‌کنند. حتی می‌توانیم در حیطه‌هایی که مشکل داریم، شروع به ایده‌پردازی کنیم؛ مثلا کسی که مشکلات مالی زیادی داشته یا روابط خوبی را تجربه نکرده، می‌تواند برای ایده‌پردازی بهتر باشد.

در اصل می‌توانیم در هفت حیطه هدف‌گذاری داشته باشیم:
۱) خانواده
۲) سبک زندگی
۳) کسب‌وکار
٤) اوضاع مالی
٥) سلامت جسمانی
٦) رشد فردی
۷) رشد معنوی

این هفت حیطه برای اینکه بتوانیم بعد از ایده‌پردازی تقسیم کنیم، می‌تواند به ما کمک شایانی بکند.

تفکر بسیار خطرناکی که در هدف‌گذاری وجود دارد، این است که کسی که هدف دارد فقط تلاش خرکی می‌کند و هیچ تفریح و دلخوشی نباید داشته باشد؛ درحالی‌که اصلا این‌گونه نیست و کسی که هدف دارد باید این سؤال را از خودش بپرسد که چطور می‌تواند بیشترین لذت و تفریح را ببرد. پس حواسمان به این نکته مهم باشد.

## ◆ اولویت‌بندی

وقتی ایده‌پردازی کردیم، نوبت این است که اهداف شبیه به هم را یک‌کاسه کنیم؛ یعنی دسته‌بندی کنیم.

باید یک هدف اصلی داشته باشیم و بعد زیرمجموعه آن هدف اصلی. برای مثال من هدفم این است که سخنران بشوم. این یک هدف اصلی است و در ایده‌پردازی نوشته بودم که کتاب بنویسم، سمینار برگزار بکنم و کارگاه‌های آموزشی هم برگزار کنم. سخنران‌شدن یک هدف اصلی است و زیرمجموعه اینکه اهداف شبیه به هم هستند را هم نوشتم مثل کتاب‌نویسی

و برگزاری سمینار و کارگاه. الان نوبت این است که زمان‌بندی کنم و برای هرکدام زمانی را مشخص کنم.

برای زمان‌بندی می‌توانیم از اهداف کوتاه‌مدت و میان‌مدت و بلندمدت استفاده کنیم. اهداف کوتاه‌مدت می‌تواند ۹۰روزه باشد و میان‌مدت یک‌ساله و بلندمدت سه‌ساله.

الان که اهداف را یک‌کاسه کردیم و زمان‌بندی را هم مشخص کردیم، می‌آییم اولویت‌بندی می‌کنیم و به هرکدام از ۱۰ نمره می‌دهیم.

## ◈ آزمایش

اهداف ما باید ویژگی‌هایی داشته باشد که بتوانیم از طریق آن راستی‌آزمایی کنیم و ببینیم اصلا این هدف من واقعی است و ارزش دارد که برایش تلاش کنم یا نه. به جرئت می‌توانم بگویم که خیلی از افراد به خاطر همین مسئله به اهدافشان نمی‌رسند.

هدف خوب بایستی پنج تا ویژگی داشته باشد:

۱) معنی‌دار باشد

۲) چالشی باشد

۳) زمان‌دار باشد

٤) رشددهنده باشد

٥) قابل‌لمس باشد.

هدفی که مشخص کردید، این سؤال را از خودتان بپرسید که الان به این هدفم رسیدم خب بعدش چی؟ این سؤال معنی‌داربودن هدف شما را مشخص می‌کند؛ مثلا من هدفم این است که تا آخر امثال یک ماشین بخرم. فرض می‌کنم که ماشین را خریدم و این سؤال را از خودم می‌پرسم که خب بعدش چی؟ خریدن ماشین چه چیزی و ارزشی به من اضافه کرده است؟

می‌بینیم که این هدف من خیلی معنی ندارد، پس بهتر است که هدفم را طبق این ویژگی مورد آزمایش قرار بدهم و تغییر دهم.

شاید اینجا برای شما دوستان عزیز این سؤال پیش بیایید که آقای محمدزاده ما هدف مالی نداشته باشیم؟ جوابم منفی است؛ چون پیش‌تر گفتیم که یکی از حیطه‌های که می‌توانیم هدف‌گذاری داشته باشیم، بحث مالی است. حرف این است که اصل هدف را برای خریدن ماشین یا خانه بنا نکنیم؛ چون اگر من بهترین ماشین دنیا را هم داشته باشم ولی به زندگی من و شخصیت من ارزش و معنی اضافه نکند، چه فایده‌ای دارد؟

سؤالاتی که می‌تواند هدف ما را راستی‌آزمایی کند، می‌تواند اینها باشد:

- ✓ آیا هدفم من را از ناحیه امنم خارج می‌کند؟
- ✓ باعث می‌شود کمی بترسم؟
- ✓ تلاش زیاد می‌خواهد؟
- ✓ موقع گفتنش می‌ترسم؟
- ✓ در موردش تردید دارم؟
- ✓ روش رسیدن را دقیق نمی‌دانم؟
- ✓ توقعم از خودم بالا می‌رود؟
- ✓ قلبم برای هدفم می‌تپد؟ هیجان دارم؟

اگر به اندازه کافی اشتیاق داشته باشی، نگران اجرایش نیستی و اگر هدفت چالشی باشد، همه ذهن و فکرت را درگیر خودش خواهد کرد.

ما پیش‌تر در زمان‌بندی اهداف گفتیم تا بالاتر از سه سال هدف تعیین نکنیم؛ مثلا اهداف ۱۰ساله مشخص نکنیم. دلیلش را اینجا بیان می‌کنم.

## ◈ چرا هدف ۱۰ساله نداریم؟

۱) ٤٧ درصد شغل‌ها در دهه بعدی از بین می‌روند.

۲) مستقیم نمی‌شود رفت.

۳) سر راه اتفاقات غیرمنتظره داریم.

٤) خدا برای ما نقشه دارد.

۵) ممکن است ۱۰ سال بعد از هدف ۱۰ سال پیشمان جلو بزنیم.

پس ما اهداف بلندمدت مثل ۱۰ساله تعیین نمی‌کنیم بنا بر دلایلی که گفتیم، بلکه در اهداف بلندمدت جهت‌گذاری داریم. جهت خودمان را مشخص می‌کنیم که از مسیر خارج نشویم، چون ممکن است اهداف تغییر بکنند.

یکی دیگر از ویژگی‌های هدف خوب گفتیم رشددهنده باشد. چند تا سؤال را می‌توانیم برای آزمایش این ویژگی هدفمان از خود بپرسیم.

- ✓ آیا این هدف باعث رشد شخصیت من می‌شود؟
- ✓ من تبدیل به چه کسی خواهم شد؟
- ✓ چه چیزهایی را باید برایش یاد بگیرم؟
- ✓ چه عادت‌هایی را باید در خودم بسازم؟
- ✓ چه ارتباط‌هایی باید ایجاد کنم؟

هدف باید باعث رشد شخصت ما بشود؛ والا چه ارزشی دارد. مثالی هم که همیشه می‌زنم برای دوستان در کلاس‌های آموزشی این است که فرض کنید هدف دارید که یک سال دیگر فلان مدل ماشین را بخرید و می‌خرید ولی بعدش چی؟ چه چیزی به شخصیت شما اضافه شده؟

به قول آقای بهرام‌پور که در یکی از سمینارهایشان می‌گفتند شما روی شخصیت خودتان سرمایه‌گذاری کنید، پول و مادیات خود به خود می‌آید و واقعا من به حرفشان ایمان آوردم. انسان وقتی روی خودش

و توانمندی‌هایش کار می‌کند و گسترش می‌دهد، ابعاد جدیدتری از شخصیتش را می‌شناسد که تا الان به آن بی‌توجه بوده است.

## ◈ اقدام

آخرین مرحله از هدف‌گذاری اقدام‌کردن است. اگر سه مرحله قبلی را انجام داده باشید ولی این مرحله را عملی نکنید، در واقع هیچ کاری انجام نداده‌اید؛ چون مرحله اقدام بسیار مهم است. این سه مرحله را یاد گرفتیم که به مرحله اقدام برسیم.

الان اهدافمان را نوشتیم و اولویت‌بندی و زمان‌بندی کردیم و نوبت اجرائی‌کردن است. اینجا لازم است برنامه‌ریزی بلد باشیم و طبق اولویت‌هایمان شروع کنیم به انجام‌دادن.

سخن پایانی اینکه همه ما نیاز به اکسیژن تازه داریم که بتوانیم زندگی شاد و بهتری را بسازیم.

## ❖ کتاب‌نامه

- هوش مثبت، شیرزاد چمین، ترجمه فرناز فرود، انتشارات کلک‌آزادگان
- سیزده، علی میرصادقی، انتشارات بارسا
- کار عمیق، کال نیوپرت، ترجمه محمدجواد شیری‌بازنچه، نشر شمشاد
- تختخوابت را مرتب کن، ژنرال ویلیام اچ. مک‌ریون، ترجمه محمدجواد نعمتی، نشر یوشیتا
- شهامت، دبی فورد، ترجمه دکتر فرزام حبیبی‌اصفهانی، انتشارات آتیسا
- اعتمادبه‌نفس، باربارا دی آنجلیس، ترجمه هادی ابراهیمی، انتشارات نسل نواندیش
- از ذهنت بیا بیرون و زندگی کن، استیون هیز و اسپنسر اسمیت، ترجمه دکتر علی صاحبی و مهدی اسکندری، نشر دانژه

چند کتاب پیشنهاد سردبیر انتشارات برای شما

برای تهیه کتاب ها از آمازون یا وبسایت انتشارات می توانید بارکدهای زیر را اسکن کنید

kphclub.com

Amazon.com

Kidsocado Publishing House
خانه انتشارات کیدزوکادو
ونکوور، کانادا

تلفن : ۸۶۵۴ ۶۳۳ (۸۳۳) ۱+
واتس آپ: ۷۲۴۸ ۳۳۳ (۲۳۶) ۱+
ایمیل: info@kidsocado.com
وبسایت انتشارات: https://kidsocadopublishinghouse.com
وبسایت فروشگاه: https://kphclub.com